LA GUERRE D'ALGERIE

Jean-Jacques Servan-Schreiber

LA GUERRE D'ALGERIE

Paris Match / Edition °1

LA DERNIERE GU

Fabuleuse et tragique, la « guerre d'Algérie » a commencé par un soudain attentat, le 1er novembre 1954, dans les lointains monts Aurès. Il est revendiqué par une demi-douzaine d'anciens du corps expéditionnaire en Indochine, commandés par le sergent Ahmed Ben Bella (médaille militaire). Très vite, les passions déchaînées entraînent la mobilisation populaire, lancent deux millions de jeunes Français — les « appelés » — dans la bataille et marquent profondément les générations qui vont, des deux côtés de la Méditerranée, avoir à inventer l'avenir. Parmi eux, le « lieutenant en Algérie » : Jean-Jacques Servan-Schreiber. Son aventure vécue ouvre notre album-mémorial.

LIEUTENANT EN ALGERIE

Huit années de guerre fratricide. Des morts et des blessés par centaines de milliers. La révolte des « Barricades » et le « putsch d'Alger ». Le 13 mai 1958 et la chute d'une République. Des premiers coups de feu tirés dans le massif de l'Aurès, le 1er novembre 1954, à l'indépendance de l'Algérie, en passant par la proclamation du cessez-le-feu, le 19 mars 1962, Paris-Match a ouvert ses archives. Nos photos racontent l'explosion, l'épopée, le drame, la chute, l'éclat. Un simple titre évocateur leur donne une signification allégorique. Elles sont légendées dans le détail à la fin de chaque chapitre et placées dans leur contexte historique.

LE DRAME EN IMAGES

RRE FRANÇAISE

(Jean-Jacques Servan-Schreiber)

« L'Algérie, ses hommes, ses mythes, ses symboles, son univers sont-ils encore en nous ? » Sur cette interpellation du présent et de l'avenir, Jean-Jacques Servan-Schreiber, livre, vingt ans après, sa réflexion d'homme public. Le récit ne se referme pas sur le dernier bateau quittant la rade d'Alger. Le « lieutenant en Algérie » repense avec nous le destin qui a surgi à partir de là. Il nous révèle à quel point ses personnages n'étaient pas des créatures de romancier. Son message, en guise de post-face, dessine la naissance d'une planète pensante que la jeunesse prend en charge. C'est le « Défi mondial » auquel Ahmed Ben Bella s'associe dans une lettre à l'auteur : « Nous nous sauverons ensemble ou nous péricliterons ensemble ».

VINGT ANS PLUS TARD...

PAGE 215

Pour clôturer ce roman historique, nous avons établi une chronologie des faits dominants de ce temps-là. Elle traite en parallèle des grands événements de ces huit années dramatiques : l'Algérie au jour le jour, la France en marche et la marche du monde. Un mélange de chroniques guerrières et politiques, de faits de société et de diplomatie planétaire. L'Histoire est faite de coïncidences symboliques qui sont autant de signes du destin : le 31 octobre 1954, le « complot de la Toussaint », naissance de la rébellion, est arrêté. Ce jour-là, à quinze mille kilomètres, les troupes françaises évacuent Haïphong, sur le golfe du Tonkin, ultime tête de pont en Indochine.

LE MONDE EN MARCHE

PAGE 222

LIEUTENANT EN ALGERIE

Ce mardi-là, à cinq heures, il faisait encore très chaud au village de Brahim. Les esprits étaient tendus, nerveux. Continuellement des attentats. La veille encore, le facteur français, plutôt bien vu par tout le monde, ici depuis vingt-cinq ans, un homme de peine et de cœur, sans ennemis personnels, avait été trouvé égorgé au début de sa tournée... On s'y habituait, bien sûr, puisque cela se reproduisait deux ou trois fois par semaine. Mais chaque fois la tension s'accentuait : on osait un peu moins bouger.

A l'une des tables en bois du café, deux Arabes — l'un jeune, en pantalon de flanelle et chemise à col ouvert ; l'autre en kachabia brune et blanche, avec une barbe grise et une peau toute craquelée — se séparèrent.

Le vieux resta assis, terminant lentement son verre de thé. Le jeune se leva avec souplesse et se dirigea vers la rue.

Un rugissement de klaxon militaire et le bruit angoissant d'un coup de freins énorme. Tout le monde se retourna.

Une jeep jaune clair — peinte couleur du désert pour la préparation de la force « A » et l'expédition d'Egypte — avait failli écraser le jeune Arabe qui, imprudemment, ne regardait pas. Il n'avait aucun mal, sauf une forte émotion. Mais il se mit à réagir avec vigueur à l'adresse des soldats français, stoppés dans leur voiture, au milieu de la rue, le moteur bloqué par l'arrêt brutal. Il vociférait, avec d'amples gestes — en arabe d'ailleurs, pour plus de sûreté.

Le sergent Baral remit son moteur en marche. Il n'aimait pas les Arabes en général, ni ceux qui se permettaient de l'injurier en particulier, mais cet après-midi il n'avait pas le temps de se laisser aller à des diversions sentimentales. Il était chargé, avec son homme d'escorte, le deuxième classe Geronimo, de porter des plis au P.C. du régiment. Il s'occuperait de ce jeune énergumène agaçant un autre jour... On le retrouverait bien : le village n'était pas grand.

— Dis donc, sale bougnoule, tu as fini de gueuler, ou je te passe à la casserole ! hurla Geronimo, pour couvrir la voix de l'Arabe qui continuait de gémir.

Il sauta de la jeep, en faisant décrire à la mitraillette, toujours suspendue à son cou par la courroie, et plaquée sur son estomac, le quart de tour à droite, réglementaire et instinctif, qui la met en position de combat.

L'Arabe se tut. Sa passion trouva refuge dans son regard noir et dans le tremblement de ses mains, longues et sèches.

Aux tables du café maure chacun, immobile, regardait la rue. Le patron, des verres de thé dans les bras, était resté figé, le dos tourné à la rue, la tête dévissée vers l'arrière pour suivre la scène sans bouger.

Le silence du piéton détendit un peu les visages. Mais les corps et les mains restaient immobiles : la jeep était toujours là, Geronimo l'arme au poing. L'Arabe, planté sur ses deux pieds, paraissait mettre tout son orgueil dans le refus d'obéir.

De la petite table du café, le vieux se leva alors et se dirigea vers lui.

Geronimo avait une envie très douce de prolonger la scène. Il en était la vedette. Il en était le maître.

J.J.S.S.
EN 1956

Il aimait ça. C'était un sentiment inouï depuis qu'il était en Algérie, et qu'il n'avait jamais connu dans sa famille, ni parmi ses camarades, à Nice : cette puissance, cette possession des hommes, cette virilité décuplée que lui donnait son arme, longue et dure.
Et tous ces spectateurs, fascinés par ses gestes, par son allure, les yeux sur le canon de son P.M. — suspendus à son plaisir. Pour prolonger cette jouissance, il n'avait qu'à interdire à tout le monde de bouger, à ce vieux chnoque en particulier qui venait calmer son camarade.
— Géro, fais pas le corniaud !... On n'a pas de temps à perdre. Tu t'amuseras une autre fois. Allez, rembarque !
Baral en avait assez, il n'aimait pas que son copain se mette dans cet état. Et puis il était le chef de voiture, responsable de l'heure d'arrivée du courrier. Il voyait bien, à ce pli soudain creusé au coin des lèvres de Geronimo, que si la plaisanterie continuait, on ne pourrait plus le tenir : comme un cheval de sang, il ne fallait pas le laisser atteindre un certain seuil au-delà duquel il devenait sourd et totalement physique, imprévisible.
Le vieux, prudent, s'avançait à pas lents et lourds, comme devant une bête qu'on ne veut pas alarmer. Avant de mettre un pied sur la chaussée, du bord du trottoir, il parla, d'une voix calme à son ami : « Rentre chez toi... Allez, fais pas la mule. Allez, rentre... » — en français, pour qu'il n'y ait pas de malentendu avec les militaires.
Un fracas sec déchira l'air. Le vieux se pencha en avant, porta ses deux mains à son ventre, et tomba doucement, en se racontant à lui-même des choses sourdes et inintelligibles, tandis que son sang coulait du trottoir sur les pavés de la rue. De ses yeux, qui restaient ouverts et vivants, il continua de regarder la jeep, comme inquiet encore de la suite.
Geronimo, qui n'avait pas bougé d'un pouce, regardait calmé, redescendu sur la terre, son arme qui était « partie » d'elle-même, en dehors de sa volonté, comme un organe vivant où toute la tension extérieure et toute la tension de son être seraient venues s'accumuler jusqu'au paroxysme et, d'un coup, se décharger.
Sorti de son extase, un blessé râlant à ses pieds, Geronimo tremblait encore un peu.
Et il attendit, sans faire un geste, les ordres de son camarade.

Geronimo était un garçon plus attirant que la plupart des autres soldats. D'abord il frappait : il était d'une grande beauté, légendaire dans le régiment. Notre colonel, qui avait de l'affection pour lui, l'avait baptisé « l'Ange noir ». Il aimait ce qu'on appelle d'un euphémisme pudique la « bagarre » et lorsqu'elle ne venait pas — cette guerre était si monotone — il la provoquait. Mais il n'était pas le seul : tout le monde aime ça. Et lui, au moins, il était très courageux : quand une vraie bagarre arrivait, quand il y avait en face de nous des hommes armés, certains de nos camarades devenaient prudents et parlaient moins haut, mais Geronimo était encore plus content. Ce qu'il aimait, c'était tirer.
Je l'avais rencontré pour la première fois dans des circonstances particulières.
Nous étions en Algérie depuis plus d'un mois ; nous avions déjà participé à quelques opérations locales, mais Geronimo n'était pas dans la même compagnie que moi. L'entraînement se déroulait dans le cadre des compagnies.
Un soir, au mess des officiers, je vis arriver à l'heure du dîner, un peu en retard, le lieutenant Martin, dans sa superbe tenue camouflée de parachutiste, passée de couleur et faite à son immense stature par plusieurs années d'Indochine.
Martin était rayonnant. S'adressant à moi, il dit :
— Nous partons en patrouille de nuit. Soyez prêt au couvre-feu, à 9 heures. Montre lumineuse. Rien dans les poches, pour ne pas faire de bruit en marchant. Pas de casques... Vous êtes brun, ça va..., rien sur la tête — pour les blonds, un foulard noir —, tâchez de manger assez pour ne pas avoir faim d'ici demain... Et ne mettez pas de tricot, ni de chemise : il fait froid la nuit, mais vous aurez chaud.
Martin était l'officier chargé des opérations. Officier d'active sorti du rang, douze ans de service, quinze citations, connaissant le règlement par cœur mais avec intelligence, il adorait commander. Et l'on avait confiance en lui parce qu'il était évident qu'il savait : la guerre était son métier. Il n'aimait pas beaucoup les « rappelés » : il les trouvait mous, indifférents et très ignorants en matière d'infanterie. Mais il les prenait comme ils étaient et s'efforçait, par son autorité et son art du commandement, de tirer parti de ce médiocre instrument.
— Alors, ça vous va ?
Il me regardait avec un œil brillant, un sourire satisfait et provocant, mais démenti par un ton plutôt sympathique. Les gens qui n'avaient pas ses opinions, il cherchait encore plus que les autres à les « prendre en main », à les tirer, avec une gentille fermeté, de leurs rêves vers sa réalité universelle, la lutte à mort contre le complot communiste.
Je lui souris. Moi aussi je l'aimais bien. Il était correct, il ne mentait jamais, et il n'intriguait pas : c'est l'exception. Ça repose.
Il reprit pour m'expliquer :
— Il y a des Viets dans le coin où nous allons. Je ne sais pas combien, mais ça fait trois fois qu'ils font un coup par là-bas. La semaine dernière, ils ont scié tous les poteaux télégraphiques : une trentaine en une nuit. Ils devaient donc bien être dix... au moins. La 2e compagnie a réparé les poteaux. Ils ont recommencé deux jours après. Et avant-hier, ils ont tué, dans son champ, à la tombée de la nuit, le fils des Sintès qui ont leur ferme là-bas... De jour, on ne les trouvera jamais. Si on y va de nuit, on a une chance. En tout cas, ça leur fera peur, et ça nous fera de l'exercice. Avec les Viets, il n'y a pas deux méthodes : il faut se remuer plus qu'eux. Ça les fait tenir tranquilles.
Les fellagha étaient toujours, avec Martin, les Viets. C'était pour lui, et pour beaucoup de ses

collègues d'active qui avaient fait l'Indochine, la manière la plus courte, et la plus définitive, de ne laisser aucune équivoque : l'armée d'un côté et les communistes de l'autre... Il s'agissait que les rappelés — « qui sont déformés par les journaux » — se mettent bien ça dans la tête.

A 9 heures, dans la petite cour de la ferme où le P.C. de campagne était installé, les hommes d'escorte, choisis par Martin, étaient réunis autour des jeeps qui attendaient, phares éteints, pare-brise baissé. Un silence insolite. Bien que la patrouille ne dût avoir lieu qu'à trente kilomètres de là, chacun de nous, sortant pour la première fois — franchissant ce mur impressionnant du couvre-feu au-delà duquel, chaque soir, plus rien ne vit dans la campagne algérienne — redoutait d'un mot ou d'un bruit de donner l'alerte.

A gauche de notre route nocturne, sombres et mystérieuses, ces montagnes du Sud que nous n'avions jamais encore approchées, et dont nous allions faire la connaissance, dans le silence de cette nuit d'été. A droite, au loin, dans le ciel, ce vaste halo de vapeurs oranges et blanches qui reflète les mille lumières des grandes villes : Alger, si proche — et pourtant si distante que nous ne l'avions jamais revue depuis le jour du débarquement et la distribution par ses jeunes et jolies étudiantes, volontaires de « l'Algérie française », de leurs prospectus, cartes postales et petits sacs de vivres...

Une borne vaguement éclairée par la lune derrière un nuage d'orage : Palestro, 25 km. Nous arrivions.

Après avoir réglé les détails de l'opération, Martin choisit un endroit où les hommes qui devaient partir en patrouille pourraient se reposer avant que la lune n'ait disparu pour le reste de la nuit. Il fit signe à son autre officier et à moi-même de le rejoindre.

— En attendant le départ, je vous emmène rendre visite, à côté, aux Sintès, dont le fils a été tué... Ils nous donneront des détails. Et, avec son sourire provocant : « Vous allez voir des colons, des vrais — pas ceux qu'on invente à Paris ».

Chez les Sintès, les volets étaient fermés et les lumières éteintes. Martin avait demandé en entrant que tout se passât à mi-voix, et à la seule lueur des lampes de poche, pour que rien d'insolite n'apparût aux guetteurs qui, comme chaque soir, étaient certainement placés sur le col surplombant la ferme.

Le fermier, Sintès, était seul dans la pièce : une quarantaine d'années, vigoureux, les traits tirés et les gestes lents, alourdis par une immense lassitude. Courtois, et comme réconforté par la présence de visiteurs, après ces deux nuits interminables de larmes solitaires, il nous raconta les détails que Martin était venu chercher.

Son fils rentrait du travail, l'autre soir, avec un camarade. Ils virent arriver vers eux, le long du chemin, montant en sens inverse, un groupe de trois jeunes Arabes qui étaient leurs amis depuis l'école communale.

Il ne les avaient pas revus depuis plus de deux mois : Sintès et son camarade les croyaient disparus dans le maquis ; ils s'en étaient un peu étonnés au début, les connaissant pour des pacifiques et sans opinion politique ; puis ils s'étaient faits à l'idée et même en avaient conçu pour eux une estime nouvelle : ils avaient choisi la vie dure et le danger. Ils étaient sans doute des adversaires, mais on peut avoir du respect pour des hommes qui s'engagent dans un combat difficile, quel qu'il soit.

En les voyant arriver, sur cette route, ce soir-là, après cette longue absence, le jeune Sintès et son ami découvraient donc que la prise du maquis n'avait été qu'une invention romanesque de leur imagination, puisque les voilà tous les trois qui revenaient, le long de ce même chemin, l'air détendu, heureux d'être de retour.

De loin, ils échangèrent des saluts, marchant à la rencontre les uns des autres.

— Hé là, Pierre, ça va ? cria l'un des Arabes.

— Salut, mon gars. Qu'est-ce que vous avez foutu tout ce temps ? répondit Sintès, qui ajouta, plus bas, tourné vers son camarade qui marchait à côté de lui :

« C'est marrant ce qu'on peut se faire des idées. Depuis les événements, on voit toujours des croquemitaines partout. Ces gars-là, je les voyais déjà en uniforme de fellagha en train de commander des patrouilles dans l'Aurès. Quelle connerie ! Pas fâché de les revoir... »

— C'est à ce moment-là qu'ils l'ont tué. A bout portant, sortant au dernier moment leurs pistolets de leurs vestes, dit le père Sintès en terminant :

« Le camarade de mon fils, Jean Soler, s'en est tiré de justesse en courant comme un fou. Il est blessé au bras. Il est à l'hôpital d'Alger : il est comme dérangé. Il nous a raconté toute l'histoire avec beaucoup de peine... Il n'arrête pas de pleurer depuis trois jours. Et, de temps en temps, il crie. Il n'aurait jamais cru que des choses comme ça arrivaient... »

— Vous voulez encore boire, messieurs ? reprit Sintès.

Sa femme était dans la pièce. Nous la découvrîmes soudain, sans l'avoir vue entrer ni marcher vers nous. Elle était une ombre, sans existence, les yeux presque fermés. Au milieu de nous par politesse sans doute, mais sans nous adresser un mot ni un geste, dans cette pièce éclairée d'une lumière étrange par les deux lampes de poche que nous tenions près du sol, elle n'admettait que le silence.

Nous restâmes ainsi plusieurs minutes, saisis par cette présence, chacun pour un instant retournant à l'intérieur de soi.

Martin se leva, posa son verre sur la table. Toujours sans rien dire, il se dirigea vers la porte. Nous le suivîmes.

Avant de franchir le seuil, il se retourna.

Mme Sintès était là et lui tendait la main.

— Au revoir, madame, dit gravement Martin. Nous allons faire tout notre possible cette nuit pour venger votre fils. Soyez tranquille... Et l'armée française restera maintenant pour protéger l'Algérie. Il ne sera pas mort pour rien.

— Quel grand con, il aurait pas pu la boucler au lieu de faire de la propagande. Ça me dégoûte, dit tout bas, en sortant, le sous-lieutenant qui nous accompagnait.
Ce n'était pas de la propagande. Martin y croyait.

Minuit. Martin réunit autour de lui la patrouille de dix hommes.
— Mettez vos montres à l'heure. Il est minuit zéro trois. Nous allons partir tous ensemble, en file indienne, deux mètres d'intervalle, par la porte du cantonnement. Plus un mot à partir de là. Nous marcherons environ une heure plein sud, à flanc de montagne, dans la gorge que vous voyez là... A mon signal, nous nous séparerons. Vous — dit-il en me désignant — prendrez quatre hommes avec vous et vous passerez de l'autre côté de l'oued. Je continuerai avec les autres sur ce versant... Vacations radio aux heures et heures et demi. Mon indicatif est Lima, vous êtes Lima 1, la radio fixe du poste, ici, sera Lima 2. Tant qu'il n'y aura pas d'accrochage, vous émettrez, aux vacations, un petit sifflement, en réponse à mon appel. Rien d'autre... Si la lune revient, ne marchez pas à découvert, restez dans l'ombre autant que possible. Faites attention aux chiens : c'est par eux que vous serez repérés... Ne tirez jamais les premiers : si vous croyez voir une silhouette, il y a une chance sur deux pour que ce soit un camarade de la patrouille. Attendez d'être sûrs. Au premier échange de rafales, vous devez vous porter immédiatement en appui de la patrouille qui est accrochée, et sans tomber dans le champ de tir... Signal de reconnaissance : trait-point-trait ; réponse : point-trait-point. Mot de passe : Masséna ; réponse : Metz... Pas de question ?
Il y en avait cent, ou pas du tout. Martin n'attendait d'ailleurs pas.
Pendant que les autres vérifiaient une dernière fois leurs poches et faisaient manœuvrer les culasses de leurs mitraillettes ou de leurs carabines, Martin me prit par le bras. Il m'entraîna à l'écart.
— Je voulais vous dire : il y a deux gars ici qui ont été envoyés par Biaggi. Je ne raffole pas des types qui font de la politique dans l'armée, même si je partage plutôt leurs opinions. Mais ce n'est pas moi qui les ai fait venir. Il y a de tout dans cette salade de rappelés. Ces deux-là, ils ont un avantage : ils ne sont pas dégonflés. Alors, je voulais vous dire : j'en mets un dans votre patrouille. J'imagine ce que vous allez penser. Mais je sais ce que je fais. Il fallait bien que vous les ayez un jour ou l'autre. Ce soir, c'est la meilleure occasion. La nuit et le danger remettent les choses à leur place...
Martin alla chercher un type et l'amena vers ma patrouille, prête au départ. Il était bien bâti, couvert de grenades, un large sac sur le ventre avec six chargeurs de mitraillette, un poignard au côté gauche. De près, une belle tête, tout allumée... Martin me le présenta. Je lui serrai la main. C'était Geronimo.

Dans la casbah de Brahim, l'homme que Geronimo avait assassiné continuait de perdre son sang et regardait la rue. Couché sur le côté, le long du trottoir, il tenait son ventre des deux mains, silencieux.
Le sergent Baral était descendu de la jeep, avec l'air excédé mais résigné de celui qui devait, encore une fois, subir les caprices du camarade. Il n'était pas enchanté d'ailleurs de ce genre d'affaire. Il détestait les bougnoules, mais la boucherie c'était sale. Il n'y trouvait pas un plaisir physique... Mais enfin c'était, de temps à autre, un mauvais moment à passer : Geronimo était son copain, il ne le laisserait jamais dans le pétrin.
Des bruits de voix et de course venaient du centre du village. Sûrement le coup de feu et la débandade, aussitôt après, de tous les Arabes du café maure, étaient maintenant connus dans le village.
— Allez, à cheval — on se taille !
Baral poussa Geronimo, docile et la bouche ouverte, dans la jeep. Il démarra sans attendre.
Dans la rue, il n'y avait plus que l'homme assasiné. Un autre petit filet de sang commençait à couler le long de sa bouche. Sa figure, étrangement détendue pour un éventré, était éclairée à présent de plein fouet par le soleil qui se couchait dans l'axe de la route. La casbah, déserte, paraissait un mausolée.
Le bruit se rapprocha. Au coin de la rue apparurent des hommes en vêtements civils, chacun un fusil ou un pistolet à la main. Ils entourèrent rapidement le blessé. Tout le monde parlait à la fois.
— Restez pas ici, abrutis, vous allez vous faire flinguer comme des lapins. Il n'y a pas plus traître que la casbah pour le tir d'enfilade. Toi, tu surveilles cette rue ; toi tu te mets au coin là-bas... deux autres pour arrêter les voitures à l'entrée du village...
Prato criait plus fort que les autres. Il essayait de se faire obéir. Il était, en principe, le chef des territoriaux du village et, en service, on l'appelait « capitaine Prato ». Capitaine de réserve, trois citations dans la campagne de France. Il avait sous ses ordres une trentaine d'hommes : à peu près tous les Européens de Brahim, entre vingt et quarante-cinq ans, en état de porter une arme et de s'en servir.
Ils formaient « l'unité territoriale » (U.t.), comme dans chaque ville ou village d'Algérie. En principe, ces hommes sont à la disposition du commandement militaire local. En fait, ils ont souvent une raison — métier, famille — qui les empêche de répondre aux convocations du commandant du secteur. Mais ils ne restent pas inactifs ; ils montent eux-mêmes leurs tours de garde — la nuit autour du village —, ils font leurs propres « opérations » de fouille et de surveillance des habitants arabes ; et même, lorsqu'il s'agit d'un « boulot » plus sérieux, ils peuvent aller remplacer leurs collègues territoriaux d'un autre village qui préfèrent quelquefois, après ces boulots-là, ne pas être reconnus.
Le temps passé à ce service territorial n'est pas du temps gratuit. Il est bien rémunéré par le Gouvernement Général. Chaque territorial touche l'équi-

valent d'une solde militaire. C'est en plus une occasion agréable de se retrouver « entre hommes » deux ou trois soirs par semaine.

L'unité territoriale de Brahim était maintenant réunie, presque au complet, armes pointées, chacun parlant et gesticulant, autour de l'Arabe blessé ou à l'entrée des rues, désertes, de la casbah.
— Les vaches, ils l'ont bien amoché... T'as vu qui c'est le gars ?
— Non, connais pas.
— C'est Larbi, l'ancien combattant qui habite là. (Il montre, à l'extrémité du village, un gourbi en terre battue.) Il est venu au méchoui qu'on avait organisé samedi. Ils étaient nombreux. Trois en tout, je crois bien, sur vingt. Les autres avaient la trouille de se montrer avec des Français. Je me suis dit : Ces trois-là, leur compte est bon. Les salopards les auront, comme les autres. Ça y est, ça recommence...
— En plein milieu du village : ils ont pas peur. Et, comme hier, personne n'a rien vu — c'est sûr...
— D'ailleurs, il y a personne. Ils ont tous foutus le camp. Ça prouve bien qu'ils avaient pas la conscience tranquille...
L'un des territoriaux s'était penché sur le blessé qui maintenant râlait, les yeux exhorbités.
— Qu'est-ce que tu racontes ? C'est pas Larbi du tout...
— Comment, c'est pas Larbi ?
— Non. C'est sûrement pas lui. Larbi avait pas cette cicatrice à la joue...
— Si, il l'avait... D'ailleurs, écoute, Larbi ou un autre, c'est pareil. S'ils l'ont descendu, c'est qu'il devait être de notre côté...
— D'accord. Mais je crois pas que ce soit Larbi...
Un camion, qui venait de traverser le village, arrivait à hauteur des deux territoriaux qui s'étaient mis en travers de la route à une vingtaine de mètres du café maure. — Arrêtez-le ! cria Prato. Le camion avait déjà stoppé — devant un tel rassemblement au milieu de la rue. C'était l'un des camions du chantier de la mine d'Arbatache. Ils venaient chercher chaque matin les ouvriers musulmans qui habitaient Brahim et les ramenaient chaque soir vers sept heures.
Dans le camion-benne, deux Arabes dans la cabine du chauffeur ; sur la plate-forme arrière, trois autres, plutôt jeunes, chemise ouverte, pantalon de travail, la calotte tricotée classique sur la tête.
C'étaient des privilégiés : la majorité de leurs camarades étaient sans travail. Tout au moins sans travail régulier. Sur les trois entreprises qui employaient en permanence des ouvriers musulmans de Brahim, l'une avait dû fermer — le chantier de construction de routes — et une autre renoncé à la main-d'œuvre indigène. Les fellagha étaient arrivés à ce qu'ils voulaient. En choisissant des ouvriers assez connus dans chacune des entreprises, en faisant savoir à tous que, s'ils continuaient à travailler pour les Français, ils seraient punis, puis en égorgeant avec précision ceux qui étaient désignés, ils avaient vidé le chantier. Peu de temps après, l'un des ouvriers arabes qui restaient dans la cimenterie avait, à son tour, mis le feu à un hangar. La direction n'avait pas voulu continuer à prendre de risques, les compagnies d'assurances refusant de la couvrir.
Si bien que depuis le milieu de l'été, seule la mine d'Arbatache donnait encore du travail. La société avait demandé et obtenu la protection permanente du chantier par l'armée. Une demi-section — une quinzaine d'hommes — était affectée à la garde de la mine sur place, et un poste militaire avec deux mitrailleuses lourdes, plus un mortier, avait été construit sur le sol qui la surplombait, pour tenir les alentours. Assurer le travail de cette manière de toute l'Algérie aurait exigé une armée de deux millions d'hommes : on l'assurait où on pouvait.
— Amène-les par ici !
Le sergent de réserve, qui était l'adjoint de Prato aux territoriaux, donna l'ordre au chauffeur d'avancer au-delà du café maure et de ranger son camion à droite.
Le soleil était presqu'entièrement couché et éclairait moins bien la rue ; un peu d'air, la première fraîcheur de la journée, venait caresser les visages. Celui du blessé était maintenant crispé de douleur. En passant devant lui, les ouvriers, dans le camion, déjà visiblement inquiets devant cet attroupement de territoriaux en armes, se mirent à trembler de tous leurs membres, se serrèrent les uns contre les autres. Ils redoutaient le pire.
Le pire était arrivé à Ameur la semaine dernière : le lynchage. Cette sorte d'accès de fièvre et de fureur qui s'empare de la population européenne de tel ou tel village, et qui d'un coup neutralise la police et l'armée : puisque cette vague arrive, elles ne pourraient s'y opposer qu'en tirant sur leurs compatriotes. On laisse donc la vague passer, en souhaitant que les Arabes ne soient pas assez bêtes pour rester dehors. La chasse aux « melons » commence. Dans les petites villes, il en reste, en fin de course, trois ou quatre sur le pavé. Davantage, bien sûr, dans une grande. On n'y peut rien. C'est comme les avalanches, dans les pays de neige. Il faut bien vivre avec. On s'y habitue.
Dans l'excitation évidente des hommes qui s'affairaient autour du corps ensanglanté et à l'entrée des ruelles de la casbah, les ouvriers de l'Arbatache crurent bien déceler les symptômes de cette fièvre, qui était leur cauchemar. Un malheur avait dû arriver et les territoriaux exaspérés allaient se venger. A tout prix, il fallait éviter de rester là, d'être le gibier de cette journée.
Prato ne parlait pas l'arabe et il savait que, lorsqu'ils ont peur, les musulmans deviennent incapables d'utiliser les mots français qu'ils connaissent. Ce n'est qu'après plusieurs gifles, assenées à toute volée que l'on arrive à surmonter leur panique par la douleur, à leur faire retrouver un peu de français. Mais Prato n'avait pas le temps à perdre. Il appela un collègue qui parlait arabe, pour traduire, et commença à interroger le chauffeur.
Celui-ci tremblait comme un polichinelle. Plus il bégayait, plus Prato et les autres était furieux. Et

plus ils l'engueulaient, plus il tremblait. Le dialogue devenait complètement idiot. Il faudrait en venir aux gifles...
Le bruit d'un autre véhicule, arrivant à grande allure, détourna l'attention. C'était un Dodge militaire avec quelques soldats.
Au moment où il s'arrêtait, une pétarade de détonations emplit la rue. Le camion arabe avait profité de l'instant d'inattention pour démarrer et s'enfuir ; six fusils de chasse se déchargeaient dans sa direction. Mais il était déjà trop loin, il filait vers Keddara.
Au milieu des hurlements des territoriaux, déchaînés, continuant à tirer vers le camion en fuite, le sergent Mauré, qui apercevait un corps sur le trottoir, ne comprenait absolument rien. Il descendit du camion, très ému, fonça sur l'adjoint de Prato qui était le plus proche :
— Alors quoi, qu'est-ce qui se passe ?
— Vous voyez bien... Il y a les salopards qui ont encore descendu un gars. On a entendu les coups de feu, on est arrivé en vitesse. On a voulu arrêter le camion avec cinq bougnoules dedans, mais ils se sont taillés avant qu'on ait eu le temps de les reconnaître : c'est sûrement eux qui ont fait le coup...
— Ben, qu'est-ce que vous foutez, les militaires ? cria un autre. Ça vous ferait rien de leur courir aux fesses ? Vous allez les laisser se tailler, comme d'habitude...
La série des récents attentats avait mis toute la population sur les nerfs et les territoriaux, se sentant impuissants, étaient exaspérés.
— Il vous faut peut-être un constat d'huissier pour aller rattraper les fellagha ? Vous voulez qu'on vous donne leur plaque d'identité et leur matricule, non ?
Et parlant à son camarade :
« Je t'assure, je me demande ce qu'on a besoin de tous ces fainéants... On ferait mieux de s'occuper nous-mêmes des bougnoules sans compter sur l'armée, on réglerait la question. On est trop bon, je te dis. »
Mauré avait la tête en feu. Employé aux écritures de la S.n.c.f. dans les bureaux de Limoges de la compagnie, marié depuis l'année dernière, doux et gentil, rappelé comme sergent de réserve au mois de juillet, il n'avait eu à accomplir, jusqu'à présent, que des protections routinières et sans histoire. Les autres avaient déjà, tous, des « coups » à raconter. Lui — ça se trouvait comme ça — il n'était jamais tombé encore sur du « dur ». Ces vacances en Algérie étaient calmes et monotones, et il ne demandait qu'un chose : que ça continue ainsi. Et puis voilà que, sans avoir eu le temps d'y penser, il était précipité dans le chaos et la nécessité immédiate d'agir. Un cadavre, vingt territoriaux très émus, une bande de fellagha en fuite sur un camion, l'armée qui arrivait — et l'armée c'était lui.
Mauré était un pacifique, mais il n'était pas lâche. S'il y avait une chance de descendre de vrais salopards, pris sur le fait — d'habitude c'était seulement des « suspects », c'est-à-dire qu'on se savait rien sur eux —, il fallait mettre le paquet, coûte que coûte. C'est pour ça qu'il était là, non ?
— On y va, dit Mauré. On fonce et on les allume aussitôt qu'on approche. Pas de temps de chercher des renforts. Mais téléphonez tout de suite au commandant, au P.C. pour le prévenir ; demandez-lui de nous envoyer les blindés pour couper la route vers Palestro, ça les coincera. Allez, salut...
— Salut, et tâchez de pas les louper. On en a marre...
Le camion arabe avait disparu à l'horizon. Mauré donna l'ordre à son chauffeur de mettre les gaz. Le Dodge avait une puissance bien supérieure et devrait pouvoir le rattraper ; mais la nuit était proche. Il fallait faire vite. Sur la plate-forme arrière, les huit soldats, mécaniquement, chargèrent leurs armes et se répartirent la surveillance de la route, quatre à gauche, quatre à droite.

Le P.C. du régiment était installé sur le flanc de la montagne, dans un vieux bâtiment de pierre, construit par des sœurs pour une école de jeunes filles.
Dans le presbytère désaffecté, le commandant Henry, grand et sec, les cheveux blonds bouclés, préparait une opération pour le lendemain avec des officiers d'état-major. L'ennemi auquel il devait faire face était symbolisé dans la région par un nom tranchant : Kodja.
Kodja avait une forte réputation d'homme de guerre. C'est lui qui, en un an, avait créé et organisé le meilleur réseau rebelle du Sud-Est algérois. Il commandait à plusieurs bandes, d'une trentaine d'hommes chacune. Celle qui opérait dans notre secteur avait perdu, dans un combat récent, environ la moitié de ses effectifs. Nous savions que si on lui laissait ne serait-ce que trois semaines de répit, elle se reconstituerait aisément avec les recrues qui se disputaient, parmi les jeunes Musulmans, pour servir dans les maquis. Il fallait donc la détruire complètement pendant le peu de temps où elle était affaiblie — sinon tout serait à recommencer.
L'opération avait été décidée la veille, en fin d'après-midi, lorsque l'état-major du secteur eut obtenu des renseignements sur l'attentat qui avait eu lieu à côté de Tala Youssef.
Les circonstances de cet attentat étaient un peu préoccupantes. Vers sept heures du matin, un paysan arabe, Mansour Abdallah, l'un des derniers conseillers municipaux musulmans qui n'aient pas encore résigné leurs fonctions, avait vu s'approcher un vieillard, courbé, marchant difficilement, recouvert de la grande kachabia de laine qui cache aisément le visage, et s'appuyant sur un bâton noueux — une sorte de mendiant. Ce vieux s'était approché tranquillement et avait dit : « Bonjour, Mansour ! » puis l'avait assassiné.
Aussitôt, laissant tomber bâton et kachabia, le mendiant était devenu un homme alerte d'une trentaine d'années. Deux ouvriers agricoles, qui travaillaient au champ avec Mansour, avaient lâché leurs outils et s'étaient joints à lui, un peu en arrière, pour couvrir sa retraite : tous les trois ensemble, ils s'étaient précipités vers la route où une voiture, qui venait d'arriver, les attendait. Elle

démarra en direction de Maison-Carrée. Or : les deux ouvriers étaient les hommes de confiance de la police dans l'un des villages à côté de Brahim ; l'assassin, d'après la description qu'en avait faite Mansour avant de mourir, était le jeune champion de football de la région qui, entre les tournées sportives du club, habitait un autre village proche ; enfin la voiture avait été retrouvée dans une ruelle d'un troisième village.
Ces trois villages de montagne, paisibles et misérables, apparaissant à leur tour, depuis hier, sous un visage nouveau, l'opération de bouclage avait été mise en route.

Le téléphone de campagne, qui était sur la table de cuisine dont se servait Henry pour travailler, sonna.
C'était Prato, des territoriaux de Brahim. Il mit le commandant au courant de ce qui venait de se produire.
Son exposé prenait une longueur démesurée, nourri à chaque instant de détails minutieux sur l'esprit d'initiative des hommes de l'U.T.
Henry était irrité ; mais l'information qui nageait dans ce flot de paroles lui parut assez grave pour modérer son impatience et écouter jusqu'au bout. Avant de raccrocher, il demanda à Prato de faire rentrer ses gars chez eux et de ne pas trop commenter leurs exploits ce soir dans les cafés du village en alarmant, comme d'habitude, leurs concitoyens par mille détails sur les crimes des fellagha. Détails trop souvent exacts, hélas — comme dans l'histoire affreuse du fils des Sintès — mais d'un effet regrettable sur le sang-froid de la population, comme le souhaitaient précisément les « Viets ».
Henry réfléchit. L'affaire n'était pas négligeable. Un commando motorisé ? Ça ne pouvait être que des hommes de Kodja. Il appela deux sous-lieutenants de son état-major, et leur donna les instructions de routine :
— contacter immédiatement le détachement blindé de Maréchal-Joffre, lui demander d'envoyer deux A.M. en appui d'un de nos véhicules qui a pris en chasse un camion chargé de rebelles,
— faire mettre en alerte, parées, armées et au pied des camions, les deux compagnies qui ont leur cantonnement sur le bord de la route de Keddara ; et les faire intervenir aux premiers échanges de rafales,
— se mettre en liaison avec l'appui aérien d'Alger.
Henry ajouta, comme pour lui-même : « C'est ennuyeux que ce soit Mauré, il n'est pas très accrocheur. J'ai peur qu'il les laisse filer... »

Le téléphone sonna de nouveau. C'était l'officier de service. Il annonça à Henry que deux de ses hommes, le sergent Baral et le soldat Geronimo, demandaient à être reçus immédiatement.
Tiens, pourquoi ? Henry n'aimait pas les « ennuis » et il savait qu'avec ces deux-là il y en avait trop souvent. Mais Geronimo lui était sympathique : toujours volontaire pour les coups durs.
— Qu'ils viennent !
Baral expliqua, l'air blasé, l'incident de l'après-midi. Il reconnaissait que Geronimo avait été un peu vif dans son comportement, mais il ajoutait que si le pistolet-mitrailleur était parti, ce n'était pas vraiment de sa faute : ce P.M. était du lot de fabrication « Saint-Eugène » qui présentait — c'était vrai — un défaut désagréable. Dans une certaine position, la cartouche engagée dans le canon pouvait partir sans que l'on appuie sur la détente, par la simple pression du creux de la main sur la crosse de sécurité. Baral avait lui-même signalé et démontré ce défaut devant le commandant en chef, venu d'Alger en inspection la semaine précédente. Celui-ci avait indiqué, à l'un des colonels qui l'accompagnaient, de prendre note : faire changer, sans délai, tout le lot « Saint-Eugène » dans le régiment. Mais rien n'avait été fait. Ainsi la culpabilité de Géronimo était objectivement très diminuée. Quand il affirmait ne pas avoir appuyé sur la détente, il y avait de fortes chances que ce fût exact. Le problème n'était d'ailleurs plus là. Henry avait déjà fait la liaison avec l'autre affaire, et soupçonnait quelque chose : l'homme qu'avait blessé Geronimo n'était-il pas le même que cette victime du commando terroriste signalé par Prato ?... Mais alors, derrière qui Mauré et ses hommes étaient-ils en train de courir ?... On verrait bien. De toutes manières, on ne risquait pas grand-chose : si des Arabes avaient pris la fuite, dans un camion, c'est qu'ils avaient fait un mauvais coup. Il y avait intérêt à leur mettre la main dessus.

Le téléphone sonna pour la troisième fois. La cabine radio recevait un message urgent à transmettre au colonel ou à son adjoint (Henry).
Le message venait d'un des postes de montagne : celui de « Valmy ». Comme les points où nos troupes étaient implantées dans la montagne n'avaient, le plus souvent, pas de nom sur les cartes, on les baptisait avec ceux de l'Histoire de France.
« Le poste de Valmy fait savoir que sur la route de Maréchal-Joffre à Keddara et Palestro, à vingt kilomètres du village de Brahim, un Dodge 4 x 4, paraissant appartenir à l'une de nos unités, et reconnu du poste à la jumelle, vient d'ouvrir le feu sur un véhicule occupé par des Arabes, dont il est encore distant d'une centaine de mètres. Valmy tiendra au courant de la suite. Fin de message. »

Mauré avait monté son affaire avec astuce. Il était résolu à ne pas la manquer.
Parce qu'il parlait souvent avec des Arabes dans la rue, parce qu'il n'aimait pas se saouler ni certaines autres plaisanteries, et parce qu'il n'avait jamais encore eu l'occasion d'en découdre, on commençait dans sa compagnie à le considérer comme un dégonflé.
Tout allait changer. Dans un sens ou dans l'autre. La bagarre, il l'avait ; et tout le monde au régiment devait déjà le savoir, à l'heure qu'il était. De deux

choses l'une : ou il revenait bredouille et, d'un coup, toutes les allusions moqueuses du passé se transformeraient en un irrésistible mépris. Ça, pour rien au monde. Ou bien il manœuvrait avec assez d'énergie pour *coxer* les fellagha, et il entrerait de plain-pied dans la catégorie des gens qui avaient le droit, le soir dans la chambrée, de parler sans qu'on les interrompe.

L'affaire ne traîna pas. Mauré, voyant arriver la nuit, indiqua au chauffeur de se tenir, une fois qu'il y serait, à une certaine distance du camion rebelle et de ne plus s'en approcher davantage. Il dit à ses hommes de tirer de cette distance, mais en l'air, ce qui pouvait être — pour des innocents — une sommation, ou ce qui laisserait croire aux fellagha à une baisse de régime du moteur et à l'inefficacité du tir. Ainsi, il comptait que les maquisards, toujours avares de leurs munitions, retiendraient leur feu en attendant la nuit et une occasion de décrocher. Mauré éviterait à ses hommes un risque trop grand — les maquisards étaient de bons tireurs. Puis, au moment où l'obscurité tomberait, Mauré avait imaginé de foncer alors pleins gaz, phares allumés, sur l'adversaire et d'ouvrir le feu à l'abordage, de toutes les armes et à bout portant.
Le camion arabe continuant éperdument de fuir, l'opération fut exécutée sans accroc. A 8 h 5, le camion de la mine de l'Arbatache était dans le fossé, le long de la route, les manœuvres criblés de balles, morts sur le coup.
Mauré était ému de reconnaissance envers Dieu que tout se soit si bien passé et que ses hommes — rappelés comme lui — aient pu faire leur travail de soldats sans qu'aucun d'eux ait été tué ou blessé. C'était sa hantise d'avoir, un jour, un mort ou un invalide sur la conscience. Brave Mauré.

Fixe ! tonna la voix d'un sous-lieutenant, toujours ravi de provoquer son effet en faisant sursauter les autres officiers quand le colonel ou son second, le commandant Henry, arrivait au mess.
Les officiers, au garde-à-vous, et le sourire aux lèvres — Henry avait du charme — attendirent le « repos, messieurs » qui détend les corps et les esprits.
La conversation s'engagea de tous les côtés à la fois, comme d'habitude. Sur huit officiers à table, il y avait facilement cinq sujets discutés en même temps, et dans tous les sens, sans que personne s'intéressât particulièrement à l'un ou à l'autre, ni même entendît clairement ce qui se disait. Mais chacun pouvait parler.
Cette confusion bourdonnante et sympathique se poursuivait jusqu'à ce que l'un ou l'autre, par une phrase un peu moins noyée, une remarque un peu plus piquante, cristallisât, sans raison particulière mais d'une manière naturelle, la conversation.
Au bout de dix minutes, ce fut l'immense capitaine Martin, toujours jovial, qui remplit ce rôle.
— Alors, dit-il, il paraît que Mauré s'est couvert de gloire.
Il était sûr de son effet : la gloire, ça intéresse tout le monde.
— Oui, enfin... n'exagérons rien, dit Henry, dans le silence soudain captivé de la table. Il a descendu des fuyards avec beaucoup d'esprit d'initiative, et ses réactions rapides ont dû faire bon effet sur la population de Brahim. cela dit, il n'y a pas eu de grosse bagarre, et d'ailleurs Mauré n'a retrouvé aucune arme sur les cadavres.
— Mais qu'est-ce qu'on va mettre dans le compte rendu de ce soir s'il n'y avait pas d'armes ?
Le sous-lieutenant Labrunie, instituteur dans une école de la région parisienne, avait été chargé, comme intellectuel, de la rédaction des rapports d'activité à transmettre, le matin et le soir, à l'état-major d'Alger. Toujours consciencieux, il réfléchissait longuement avant chaque rapport. C'était sa guerre d'Algérie, à lui, de bien faire ce travail-là. Donc, il insistait.
— Eh bien, alors, Labrunie ! Si vous voulez qu'on fasse votre travail pour vous, dites-le. C'est ça, vous touchez la solde, et puis on vous mâche le boulot. Ce sera tout pour Monsieur ?
— Bon, eh bien, je mettrai qu'il n'y a eu aucune arme récupérée.
— Ah ! non. Ne faites pas de connerie. Si vous mettez-çà, il y aura une enquête : ça nous fera encore de la paperasse. On a autre chose à faire. Si vous n'avez pas d'armes à mettre, alors ne mettez rien. Ne parlez que du blessé dans la rue, mitraillé par le camion (1).
Pas de problème. Si l'autorité civile — cherchant à se faire pardonner ses imbécillités en créant des histoires aux militaires — faisait par hasard du tam-tam autour des autres cadavres de la journée, de deux choses l'une :
Ou bien le Gouvernement Général faisait une demande d'enquête auprès du Commandement militaire. Dans ce cas, c'est l'unité elle-même sur qui était répercutée la demande, et qui rédigeait le rapport. Pas de problème.

(1) La dépêche officielle, transmise à la presse, comme chaque jour par les services du Gouvernement Général, avec toutes celles des autres régions d'Algérie, indiqua simplement : « Hier à..., les occupants d'un camion ont mitraillé des promeneurs, n'en blessant par miracle qu'un seul... »

Ou bien l'enquête était demandée du côté administratif, et elle tombait sur les gendarmes du village qui étaient tous plus ou moins cousins, parents ou copains avec les territoriaux et qui n'auraient jamais intérêt à les mettre dans le bain. Pas de problème non plus.
Donc Mauré n'aurait pas d'histoire, ce qui était bien naturel. Il ne manquerait plus que ça qu'il en ait !
Toute cette affaire, ordinaire, qui pouvait être simple et claire dans l'esprit réaliste d'un Martin ; qui était sûrement sans grande importance, au regard des mille questions difficiles, concrètes, que pose chaque jour la gestion d'un régiment en campagne, aux yeux de Henry ; qui se limitait à une question d'écriture dans la tête de l'instituteur — ne laissait pas aussi indifférent un autre capitaine d'active qui venait d'arriver chez nous, en stage, avant de prendre le commandement d'un bataillon.
Prudent, il ne parlait pour ainsi dire jamais de choses sérieuses, et camouflait ses opinions — que personne ne connaissait mais dont, précisément pour cette raison, on se méfiait un peu — derrière des plaisanteries, d'ailleurs assez drôles.
Cette fois, il ne semblait plus aussi à l'aise. C'est sur un ton un peu sourd qu'il prit la parole. Cela surprit, et établit le silence.
— Je m'excuse d'intervenir. Je voudrais seulement suggérer que si des Arabes sont tués par nos hommes et qu'on ne retrouve pas d'armes sur eux, il n'est pas exclu que les victimes ne soient pas des fellagha, mais peut-être bien de braves gars du village — ce qui ne serait pas excellent pour nos relations avec la population.
Ce langage circonspect parut peu clair.
— Qu'est-ce que vous voulez dire ? demanda Henry.
— Je veux dire qu'on a peut-être eu tort de les tuer... Je veux dire que si ce sont des pères de famille — ça arrive, même chez eux — leurs épouses et leurs enfants vont les regretter. Que si ce sont des fils, leurs mères vont pleurer. Et que père, frère ou fils, leur mort, par nos armes, provoquera inévitablement de la haine contre nous. Je suggère que c'est une pratique mauvaise de tuer peut-être des innocents ; et que nous ne sommes pas là pour ça... Encore une fois, je m'excuse, je sais que, n'ayant pas été en Indochine, et n'étant en Algérie que depuis quelques jours, je devrais seulement écouter.
Pour la première fois, le capitaine Julienne avait donc dit son sentiment. Chacun autour de la table était un peu gêné. Non pas qu'on lui donnât raison...
— Mon cher monsieur, dit Martin, s'adressant à Julienne avec condescendance mais une évidente gentillesse, vous avez raison, cent pour cent raison — en théorie. Seulement, en pratique, vous allez découvrir que vous êtes devant un choix. Ou bien vous considérez à priori que tout Arabe, dans la campagne, dans la rue, dans le camion qui passe, est *innocent* jusqu'à preuve du contraire : permettez-moi de vous dire que, si telle est votre attitude, vous allez faire bousiller vos hommes, que les fellagha seront les rois, et que vous, vous serez immédiatement muté parce que les parents des rappelés qu'on fait tuer n'aiment pas ça et écrivent à leurs députés que vous êtes un boucher... Ou bien vous voulez faire correctement votre métier, c'est-à-dire mettre les fellagha hors d'état de nuire, et protéger nos hommes le plus possible. Alors, il n'y a qu'une méthode : considérer que tout Arabe est un *suspect,* un fellagha possible, un terroriste en puissance — parce que ça, mon cher monsieur, c'est la vérité... Et ne venez pas me répondre par la Justice ou la Charité. Ça n'a aucun rapport. Je ne dis pas que ça n'existe pas : je dis que ça n'est pas à notre niveau. Discutez-en à Paris avec messieurs les politiciens qui nous ont mis dans ce bain. Mais, une fois ici, se poser des problèmes de conscience — et traiter les assassins possibles en innocents présumés — c'est un luxe qui coûte cher, qui coûte des hommes, cher monsieur, de jeunes hommes, innocents eux aussi, les nôtres. Je ne vous donne d'ailleurs pas quinze jours pour vous en apercevoir...
On observait le capitaine Julienne. Ses yeux noirs, sous des sourcils épais et grisonnants, parcouraient la table. Il éprouvait sans doute qu'il s'était aventuré un peu à la légère : il était isolé.

Nous marchions depuis deux heures au moins, en silence, sans rien y voir. La longue file indienne s'étirait sur près d'un kilomètre.
Les camions nous avaient débarqués sur la route qui monte du village de Tala Youssef vers la première crête des montagnes dominant la Mitidja. En haut, à l'abbaye Sainte-Geneviève, la route s'arrête ; un éventail de pistes s'ouvre. Un millier d'hommes, par vagues successives, avaient été amenés, venant de toutes les unités voisines du secteur, entre 1 heure et 3 heures du matin.
Dans la nuit très noire, les compagnies avaient été expédiées, d'après leur numéro d'ordre, vers leurs destinations. Les points de destination formaient, à flanc de montagne, un vaste demi-cercle tracé sur la carte, autour des trois villages qu'il s'agissait de cerner avant le lever du jour.
La dernière branche du « bouclage » était tenue, en bas, le long de la route de la vallée, par les blindés.
Le capitaine Julienne, en levant le bras — chacun l'imitant pour être vu du suivant — donna le signal d'une pause. De l'une des poches profondes que les pantalons américains de combat portent à la hauteur du genou, il sortit sa carte.
— Vous avez une lampe ?
Une ombre lui tendit une lampe de poche à verre bleu dont il projeta le halo sur trois points cochés de rouge : les douars qui, d'après notre position, devaient être maintenant à la verticale entre nous et la route.
Derrière, profitant du répit, la longue file s'était assise ou étendue dans le fossé : les bidons passaient de main en main, pour répartir du café coupé d'eau — la seule boisson que Julienne eût autorisée pour la durée de l'opération.
Des pas rapides dans la broussaille. Toutes les

ombres se dressèrent autour de nous et braquèrent leurs armes en direction du bruit.
— Qui va là ? demandèrent, à la fois, trois voix précipitées et rauques qui s'efforçaient d'être très bien entendues, mais pas de trop loin.
— Eh, faites pas les zouaves... c'est moi... Lapin !
D'un bond, pour ne pas prolonger l'incertitude, le sergent Baral — que tout le régiment appelait « Lapin » parce qu'il avait des oreilles d'un format spécial et qu'il était populaire — sortit des buissons. Il n'était pas seul : le canon de son P.M. poussait devant lui une autre ombre qui, de près, devint un jeune Arabe, en chemise déchirée. Un gosse — quatorze, quinze ans, l'air insolent.
— Un guetteur... Je l'ai chopé au moment où il dévalait de la crête vers le premier village. J'étais un peu en dessous, il ne m'avait pas vu, je l'ai fait bouler au passage... Il giclait drôlement vite, le gars !
— Je m'en charge ? dit une ombre immense, d'une voix précise comme la menace qu'elle portait.
— Non ! coupa Julienne, en arrêtant du bras le lieutenant qui approchait rapidement de l'Arabe.
Et, après un silence d'une seconde, qui parut démesuré, il ajouta plus bas :
— Je le ferai moi-même...
Julienne n'était pas pris au dépourvu. Il avait décidé, avant de partir, que si ce genre de travail devenait nécessaire, il n'admettrait ni d'en donner l'ordre, ni qu'on l'exécutât sous sa caution : il préférait s'en charger.
Un guetteur connaît, au moins, à quelle maison, de quel village il est chargé de transmettre l'alerte. Il faut obtenir de lui ce renseignement. L'opération peut en dépendre. Le guetteur le sait aussi : il n'est pas facile de le faire parler.
Julienne revint vers nous. Il avait obtenu le renseignement. L'une des premières maisons du village, déjà distincte dans la brume qui diluait l'ombre de la nuit était, selon le guetteur, l'un des points de ravitaillement des maquisards. Il faudrait commencer par là.
Il restait vingt minutes avant l'heure.
— Installez le P.C. tactique ici, et prenez les contacts radio, dit Julienne à un sous-lieutenant, adjoint d'opération.
Le trafic radio commença — cette musique de fond qui se jouait sur toute l'Algérie et ouvrait l'aube des journées nouvelles sur les bouclages.
— Allô, Rouge — Ici, Cardinal — M'entendez-vous ? Etes-vous en position ? — Répondez ! »
— Allô, Bleu — Ici, Cardinal — M'entendez-vous ? Quelle est votre position ? — Répondez ! »
— Allô, Vert... ».
Julienne s'assit sur le talus, et sortit un sandwich de sa poche. En mâchant avec appétit, il regardait tour à tour le vaste cirque devant nous ; ces trois villages de terre battue et de paille, immobiles ; le gosse arabe qui, le visage tuméfié, dormait maintenant dans le fossé ; et l'antenne dépliée de la radio...
— Quel métier de cons !
Julienne étira ses grands bras vers le ciel, au-dessus de son large crâne gris et rond, en bâillant. Je ne savais pas s'il faisait allusion à ce travail routinier, ou au sommeil abrégé que le départ nocturne nous avait imposé.
Il était l'heure.
Julienne se leva.
— Message de Cardinal à tous nos éléments... Départ d'opération dans trois minutes, marchez sur vos objectifs, tenez-moi au courant. Les prisonniers devront être regroupés en fin d'opération sur le terrain de football près de la route. Fin de message. Transmettez.
Pendant que le sous-lieutenant répétait les instructions sur le S.C.R. 300 et enregistrait, les uns après les autres, les « bien compris », l'air autour de nous passait au gris clair, les silhouettes proches devenaient des visages, portaient des noms ; sortant des broussailles, les petits points bruns apparurent et se mirent à avancer lentement, en trois axes séparés, vers les mechtas.
Un ronflement emplit tout le cirque et fut aussitôt sur nous. Cinq avions de chasse — la « couverture » aérienne envoyée par Alger — arrivaient pour survoler l'opération. Derrière eux, plus lent et plus bas, un piper-cub d'observation qui devait assurer la liaison entre le commandement au sol et la chasse. Scénario classique, dont le luxe écrasant avait depuis longtemps cessé de nous étonner.
Julienne était à vif. Ces opérations ne comportaient plus pour lui de surprise mais il y avait, cette fois, une différence décisive : il commandait. Tout ce qui serait fait dans la journée le serait en son nom. Chacun des hommes était son émissaire. Chaque mitraillette tirerait pour lui. Il était partout, devrait répondre de tout : il était responsable. Le sentiment qu'il en éprouvait n'avait plus de rapport avec son souvenir, pourtant si proche, des autres bouclages. Aujourd'hui, pour la première fois ici, il vivait personnellement la guerre.
Il y avait douze ans, presque jour pour jour, que cela ne lui était pas arrivé : c'était sur la plage près du Rayol, par une journée belle comme celle-ci, en débarquant, avec son commando, des engins amphibies de l'armée de Lattre, partie d'Algérie. Dans les campagnes de France et d'Allemagne, il avait été blessé trois fois. La dernière blessure lui avait dérangé pas mal de choses dans le ventre, ce qui l'empêcha par la suite de faire l'Indochine. Depuis, Julienne n'avait plus eu l'occasion de commander au combat.
L'écho de deux coups de feu atténués, paraissant provenir d'un lointain fusil de chasse, arriva jusqu'à nous. Julienne prit ses jumelles. Le jour levé nous donnait une vue claire sur tout le champ des opérations. La ligne de points bruns qui se dirigeait vers le village le plus élevé s'était immobilisée.
Julienne se retourna vers le sous-lieutenant accroupi près de la radio :
— Demandez à Vert *en personne* si les coups de feu ont été tirés dans son secteur.
Vert était un élément du 3e bataillon, placé sous les ordres de l'adjudant Gambert, un homme expérimenté, qui avait fait la Corée. « Vert », c'était l'indicatif radio de la section. « Vert en personne », c'était Gambert.
Il répondit que, en effet, les coups de feu avaient été tirés sur sa ligne avant, et qu'un de ses

hommes avait la jambe très abîmée. La maison d'où semblait provenir le tir était au coin nord-ouest du groupe des mechtas, à côté d'un âne, attaché dans un camp — que « Cardinal » devait voir de là où il se trouvait.
Julienne, aux jumelles, reconnut la maison. Le gosse, qui dormait toujours, épuisé par une nuit de veille et son émotion matinale, l'avait bien désignée.
D'ordinaire, les opérations de bouclage, si lourdes, donnent largement le temps aux maquisards recherchés de s'enfuir. On ne trouve que des complices, et quelquefois des munitions. mais il arrive que les rebelles en armes soient pris au filet. Ils jouent alors leur dernière carte et attendent que notre ligne de bouclage soit à bout portant pour tirer sur nos hommes.
Gambert demanda Cardinal « en personne » à la radio. Julienne pris l'écouteur.
— Ma ligne avant est stoppée. Si j'avance, je risque de faire bousiller encore deux ou trois types avant d'arriver sur la maison de l'âne. Je propose d'y aller seul, avec un petit commando de trois hommes, pour la prendre par-derrière, à la grenade. J'attends votre autorisation. — A vous.
Julienne connaissait l'adjudant Gambert. C'était un personnage spécial. Il faisait partie du groupe des envoyés des milices « patriotes » (volontaires de l'Union française, biaggistes, etc.) dans notre régiment. Il était le plus grand et le plus gros, ancien champion de boxe militaire.
Démobilisé après la campagne de Corée, il avait gagné sa vie médiocrement dans des métiers divers qui ne l'intéressaient que peu. Sa seule passion était la politique où il se donnait comme « national », et pourchassait les « défaitistes » avec un groupe d'hommes de main réunis autour de lui.
La proposition de Gambert était raisonnable : en allant seul avec un petit commando, il pourrait, en prenant un risque à peine plus grand, neutraliser la maison. Si l'on faisait avancer toute la ligne, on risquait encore quelques coups de feu meurtriers sur nos hommes, et plus personne ne pourrait les retenir de faire des ravages dans toutes les maisons — celle-là et les autres.
Julienne allait donner, au micro, le « feu vert » au commando de Gambert. De l'appareil radio sortit une nouvelle voix, étrange, brouillée par des alternances indiquant qu'elle venait d'en haut. Ce devait être le piper-club, ou bien l'hélicoptère Bell de commandement qui tournait maintenant, lui aussi, à la verticale du champ d'opération.
— Allô, Cardinal... Allô...al... ici Cricket... m'entendez-vous ?... lez !
— Allô, Cricket. Ici Cardinal. Je vous entends deux sur cinq. Parlez lentement. Je vous écoute.
— Allô, Cardinal. Je voudrais... al... en personne pour Grand Bouillon... sonne... vous !
— Ici Cardinal en personne. J'écoute Grand Bouillon. A vous.
Julienne sortit de sa poche l'O.B.T. : un morceau de papier ronéotypé sur lequel était indiqué le code radio pour l'opération de la journée. Grand Bouillon ?... C'était le général de l'état-major, commandant l'ensemble des moyens (infanterie, blindés, aviation) de l'opération combinée.
Julienne était rempli d'appréhension. Si Grand Bouillon se mêlait de l'affaire, où allions-nous ? Réflexion d'ailleurs inutile : quand les généraux apparaissent à l'horizon — dans ces ravissants hélicoptères-libellules — les capitaines deviennent, à l'instant même, des machines à exécuter des ordres.
Le Bell était maintenant juste au-dessus de nous, en point fixe à cent mètres de hauteur environ, pour faciliter la conversation.
— Allô Cardinal, ici Grand Bouillon en personne. Pourquoi la ligne de Vert est-elle stoppée ? A vous.
— Des coups de feu ont été tirés sur nos éléments, en provenance de la maison du coin nord-ouest du village. Je vais envoyer un petit commando pour neutraliser la maison. A vous.
D'autres coups de feu, suivis de plusieurs rafales. La maison avait repris le tir et nos hommes, de derrière le buisson où ils étaient arrêtés, ripostaient. Le village était toujours immobile.
— Cardinal. Si la maison a ouvert le feu, je vous donne l'ordre de suspendre toute tentative au sol. Je vais faire intervenir notre appui d'artillerie, et ensuite la chasse si nécessaire. mes instructions sont : faites desserrer votre dispositif terrestre, que vos lignes avant se retirent à plus de deux cents mètres des alentours du village. Dans cinq minutes, le tir commencera. Bien compris ? A vous.
Il arrivait à Julienne, dans de pareils moments, de s'interroger dans un éclair : l'instant n'était-il pas venu de faire le grand saut ? d'opposer brutalement la réaction individuelle à la toute-puissante hiérarchie, de dire enfin à un général ce qu'il pensait comme il le pensait, de refuser d'obéir et de quitter l'armée ?
— Bien compris, dit simplement Julienne.
Ouvrant ainsi les vannes à l'absurdité classique, qu'il n'était, en effet, sans aucun doute pas capable, à lui tout seul, d'empêcher cette fois encore.
Le bombardement commença. Un petit commando est une arme de capitaine. Un bombardement est une arme de général.
Julienne vit arriver, au pas de course, le long du chemin rocailleux et assez abrupt que nous surplombions, un homme en uniforme, et sans arme, dont la corpulence donnait à sa rapidité un caractère d'exploit. L'homme fonça droit sur Julienne : c'était Gambert.
— Qu'est-ce que c'est que ce cirque ? Vous n'êtes pas fou ?...
Gambert utilisait le souffle qui lui restait à hurler aussi fort que possible.
En principe, on ne parle pas sur ce ton à un gradé supérieur. Et Gambert savait généralement tenir son rang, car il aimait bien la vie militaire. Mais il lui arrivait parfois, saisi par des sentiments passionnés, de l'oublier : ce qui soulignait alors sa conviction, pour ceux qui le connaissaient.
Julienne l'avait compris. Il pensait d'ailleurs à autre chose, pour l'instant, qu'à faire compter ses galons.
— Ordre du général.

La figure de boxeur de Gambert se tordit dans une grimace menaçante. Il était hors de lui. Julienne ne tenait pas à le laisser se livrer à un petit scandale devant les autres officiers et sous-officiers rassemblés au P.C. tactique.
— Ecoutez, Gambert, allez d'abord vous calmer, vous reviendrez me parler ensuite... C'est un ordre.
Julienne cependant était curieux de savoir ce qui provoquait, chez l'homme des milices patriotiques, une telle émotion. Sans aucun doute était-il furieux d'être privé du petit coup de commando qu'il avait proposé : il lui manquait une citation pour avoir droit à la médaille militaire.
Gambert revenait, le visage moins congestionné, les mâchoires serrées. Il s'assit, sans un mot, à côté de Julienne.
L'un et l'autre contemplèrent la longue ligne de blindés, tournés face à la montagne, « matraquer l'objectif », dans un vacarme régulier.
Ayant repris plusieurs fois sa respiration, Gambert parla sur un ton posé :
— Mon capitaine, ça me suffit. Je rentre en France. Je vous demanderai de me mettre en congé libérable à partir de demain.
— Pourquoi ça ?
— La boucherie, ça me dégoûte.
— Moi aussi — mais pourquoi vous ?
— Ne soyez pas insolent. Je vous parle sincèrement : j'en ai assez. Je suis venu ici pour essayer avec les autres, de garder l'Algérie — pas pour la réduire en poussière. Ce qu'on nous fait faire n'a aucun sens. On se croirait en pleine caricature de *l'Humanité.* Toujours la même chose : aussitôt qu'il y a un accrochage, on écrase... Depuis que je me promène dans ma région, j'ai compté : un douar sur deux est éventré. D'accord, on prend moins de risques comme ça. Mais on prendrait moins de risques encore en rapatriant nos soldats en France. Parce que, pour ce qui est de sauver l'Algérie, on va plein tube dans la connerie : on transforme tous les habitants en fellagha. Pour un rebelle qu'on tue, on en fabrique vingt prêts à le remplacer... Je tire l'échelle. Je ne suis pas venu pour ça.
On appela Julienne au poste radio. Les éléments de « Rouge » étaient entrés dans le second village. Ils avaient trouvé dix grenades et trois sacs de cartouches de chevrotine dans une mechta. ils avaient « coxé » tous les hommes de la mechta...
Julienne rapporta la prise à Gambert.
— Encore du bidon ! dit Gambert... J'ai vu le commandant des chasseurs donner lui-même ses instructions hier soir au sergent de la « Rouge ». Il lui a dit : « Les salopards du village où vous allez, j'en ai marre,. cette fois il faut les coffrer ; ils ont sûrement des armes cachées chez eux... Si vous n'en trouvez pas, *vous mettrez ça,* et vous le trouverez ensuite ». Il lui a remis des grenades et de la chevrotine — pour être sûr de ne pas se tromper. Moi, je m'en fous : si c'est des vrais salopards, tous les moyens sont bons. Mais quand je vois ça (il montre du bras le cirque, les lueurs d'incendie, la ligne fumante des blindés) je me demande où ça va...
Julienne ignorait que les fouilles préfabriquées étaient utilisées aussi dans le secteur. Il avait une furieuse envie de tout casser.
Mais tout, quoi ?
Les armes trouvées par « Rouge » étaient peut-être celles que le commandant y avait fait placer ; mais peut-être pas. L'assassinat d'hier n'était pas du bidon. Non plus les coups de fusil qui venaient de blesser nos hommes. Non plus l'embuscade qui avait failli coûter la vie à son chauffeur sur la route du P.C., dimanche soir. Tout n'était pas du bidon — loin de là.
Et dans ce qui était déplorable, il fallait encore distinguer. L'affaire de Mauré l'autre jour, assassinant les ouvriers du camion, c'était l'absurdité aveugle dont personne n'était responsable. Et pourtant : cinq morts innocents, et le refus des derniers ouvriers arabes de continuer à travailler à la mine. Les instructions d'un officier à ses hommes sur la fouille « arrangée » étaient un comble. Et pourtant : le village en question à coup sûr (Julienne le savait aussi) hébergeait des terroristes, qui ne laissaient jamais rien traîner, parce que précisément ils étaient fort bien organisés.
Peut-être n'y avait-il plus rien d'autre à faire que de refuser d'en être : Gambert était sans doute sage.
Mais, ça aussi, c'était du bidon. Gambert resterait.
Il fallait commander. Les appels radio se pressaient de nouveau. Le bombardement terminé, les sections de bouclage du village nord demandaient les instructions. Quatre-vingts prisonniers étaient déjà rassemblés sur le stade, venant des autres villages. La chasse « strafait » (mitraillage en rase-mottes) les bois aux alentours pour le cas où des fuyards s'y seraient réfugiés. Grand Bouillon demandait à Cardinal le nombre des fellagha — en clair, des Arabes — tués et prisonniers : c'était l'heure du premier communiqué à transmettre au Quartier Général à Alger. Les éléments de « Bleu » qui étaient remontés par le haut arrivaient autour du P.C. : ils ramenaient, dans des sacs, tous les poulets qu'ils avaient raflés dans les villages et les montraient fièrement à leurs camarades. « Ce soir, les gars, on mangera autre chose que la ration... »
Il était midi. Nos hommes, courbés de fatigue, pas rasés depuis la veille, attendaient, éparpillés, l'ordre de fin d'opération. Les bidons étaient vides depuis longtemps. La chaleur du plein soleil transformait nos unités en une « harka » dont le spectacle, sur fond de ruines neuves, encadré par les colonnes de fumée qui montaient dans le cirque — les meules, les récoltes — donna à Julienne une vrai nausée physique.
L'hélicoptère du général fit un dernier tour au-dessus de nous et transmit un message pour Julienne : « Dites à vos unités que j'ai été très satisfait de leur tenue en opération. Tous nos objectifs ont été atteints. Vous m'enverrez à Alger la liste des hommes que vous proposez pour des récompenses. Tenez-moi au courant de l'état des blessés. Bon travail et à bientôt ».
Le capitaine Julienne, officier de carrière depuis quinze ans, écouta le radio lui répéter le message. Il avait les yeux fixés droit devant lui, les poings écrasés dans les poches de son pantalon.

Je me souviendrai longtemps des détails de cet après-midi, où j'ai rencontré le commandant Marcus.

Je connaissais le nom — pas l'homme.

Le cantonnement de son unité était proche du nôtre ; mais Marcus n'y était presque jamais. Il parcourait les pistes de montagne avec sa section de goumiers musulmans, qu'il avait formée lui-même. Il couchait le plus souvent « dans la nature », chez les habitants, dans les mechtas, comme pour ne jamais rompre le contact — ni le jour ni la nuit. Et il laissait à un adjoint le commandement de son unité de dragons.

Julienne, quelques jours après la dernière opération de bouclage, nous emmena au cantonnement des dragons. Il espérait que Marcus ne serait pas en tournée ; il avait besoin de le voir. Depuis que Marcus était arrivé dans la région, il n'en avait pas eu encore l'occasion. Il n'était pas pressé : il avait le temps. Mais, ayant pris la décision de quitter l'Algérie, il devait lui parler.

Marcus était au cantonnement.

Il travaillait — on dit dans l'armée d'Afrique : « faire du papier » — dans une sorte de conciergerie d'une très belle villa de la région. Dans la cour, quelques officiers et les Arabes de sa garde personnelle. Le cantonnement de l'unité était en face, de l'autre côté de la route.

Marcus était un homme petit et très maigre. Les cheveux noirs en brosse, la peau du visage mate, serrée, il avait un regard autoritaire et l'air naturellement sceptique.

Dans la petite pièce blanchie à la chaux, qui était son bureau, il fut surpris, heureux, de voir arriver Julienne. Camarades de promotion, ils ne se rencontraient que rarement, au hasard des tribulations de l'armée française.

— Marcus, dit Julienne, je suis arrivé en Algérie le mois dernier. J'ai travaillé avec le régiment d'infanterie d'à côté, une unité comme les autres, plutôt bien commandée et composée de braves rappelés. J'ai participé au travail routinier. J'en ai assez vu, ici, pour être convaincu que ce qu'on nous fait faire nous conduit droit à la perte de l'Algérie — et subsidiairement de notre honneur de Français. Pas besoin de te faire un dessin, tu connais tout ça mieux que moi ; tu vois ce que je veux dire... J'ai cru qu'avec de la bonne volonté on pouvait, un peu, influencer le cours des choses c'était une illusion de boy-scout. Je m'en vais. Avant de partir, je suis venu te voir, car il manque un chapitre à mon éducation : est-ce que c'est vraiment partout pareil en Algérie ? Et pourquoi es-tu encore là ?.

Marcus, qui prenait toujours sérieusement les choses sérieuses et qui connaissait Julienne depuis vingt ans, reconnut la nature de l'occasion : il ne s'agissait pas d'une conversation amicale, mais d'un drame de conscience. Il commença à parler, lentement.

— Je n'ai pas été dans toute l'Algérie — mais presque. En neuf mois j'ai travaillé avec une quinzaine d'unités différentes... Je sais ce que tu veux dire. Et je comprends ta question. La réponse est : oui. Nous nous conduisons comme des imbéciles à peu près partout.

— N'y a-t-il pas de responsables, ni civils, ni militaires, pour s'apercevoir que nous créons, jour après jour, les conditions classiques du désastre, derrière les apparences du maintien de l'ordre ?

— Il y en a, dit Marcus. Plus qu'on ne l'imagine. Ce n'est pas la bêtise qui nous assassine, c'est la lâcheté. Ils comprennent, mais ils ne bronchent pas. On ment, Julienne, on ment de haut en bas. Le mensonge ici est devenu une seconde nature. On ment tellement qu'on ne le sait plus. Tu comprends : on ment par devoir. A partir de là, c'est le marais.

« Je te donne un exemple : le mois dernier, j'étais dans la fameuse région des « ralliements », la vitrine de la pacification, où l'on voulait lancer les premières élections, à titre démonstratif. Pour bien montrer que la région était pacifiée, on a consolidé une grande piste nouvelle à travers la zone de récents combats, et on l'a inaugurée solennellement — rubans à couper, champagne, photos, journalistes, officiels d'Alger, etc., — le jeudi matin... Dans l'après-midi même, cinq embuscades — tu m'entends : cinq, il n'y en avait jamais eu autant — ont décimé nos convois sur la piste. Les hélicoptères ont été appelés d'urgence pour évacuer les blessés : c'est comme ça que je l'ai su, par les pilotes... Alors, qu'est-ce qu'on a fait ? Non seulement, cela va de soi, black-out complet sur les informations pour la presse : il fallait que les articles sur la zone pacifiée soient publiés sans accroc. Admettons, ça peut avoir un intérêt. Mais même le ministre ne l'a pas su : on n'a pas osé le lui apprendre...

« Tout ça, bien sûr, devant les musulmans qui sont partout, qui nous regardent, nous écoutent, lisent nos journaux... Tu vois où ça mène.

Un adjudant frappa à la porte, entra, salua au garde-à-vous, en direction de Marcus.

— Mon commandant, est-ce que je pourrais vous voir un instant ?

L'homme avait l'air angoissé, tragique.

— De quoi s'agit-il, Bonnard ?

— Un ennui, mon commandant. Il faut que je vous parle tout de suite.

Visiblement notre présence le consternait.

— Vous pouvez parler, dit Marcus. Je n'ai rien à cacher à ces messieurs. De quoi s'agit-il ?
— Mon commandant, il y a eu trois désertions ce matin. Je viens de m'en apercevoir : Ben Ammar, Hocine et Hammoud. Personne ne sait où ils sont partis. Mais pour la désertion, c'est sûr : ils ont essayé d'en entraîner un autre qui a refusé, et qui a fini par venir me le raconter. Je l'ai tout de suite dit au lieutenant Bousquine pour qu'il vienne vous voir.
Il n'a pas voulu. Il m'a dit qu'il avait honte. Il préfère que ce soit moi...
— Merci, Bonnard. Restez avec les autres hommes de la « spécialisée », vous me direz comment ils réagissent. Faites préparer deux jeeps et deux Dodge pour départ dans une heure. Dites au lieutenant Bousquine qu'il soit dans mon bureau dans vingt minutes et prêt à m'accompagner.
L'adjudant salua de nouveau et sorti, soulagé : le fardeau était sur d'autres épaules.

Nous attendions, silencieux, que Marcus choisisse ce qu'il voulait, ou non, nous dire. Nous savions que cette compagnie spécialisée était sa fierté, l'instrument qu'il avait forgé lui-même : les quatre-vingts goumiers algériens musulmans qu'il avait intégrés à son régiment et avec lesquels il allait lui-même « prendre le contact » avec la population des douars de montagne les plus isolés. C'était sa manière à lui de réagir ; c'était sa pacification, vraie.
Comme adjoint, il avait pris un officier, musulman lui aussi : le lieutenant Haouch Bousquine. Seul Français de la compagnie : l'adjudant Bonnard, pour l'instruction des hommes. La réputation de Marcus, son autorité morale, étaient fondées non sur les idées qu'il exprimait, mais sur la petite partie d'entre elles qu'il avait durement fait passer dans la réalité concrète : sur le succès de son expérience de nomadisation.
— Ce n'est pas la première fois, dit Marcus. Il y a environ trois à quatre désertions par mois. Il faut accepter ce risque, ou renoncer à travailler avec les musulmans. La seule question, chaque fois, ce sont les autres : il faut leur parler pendant des heures. Et les remettre tout de suite dans l'action. Sinon, c'est la débandade.
Marcus serait donc sur la route, de nouveau, ce soir. Il nous restait quelques minutes à passer avec lui.
— Mon vieux, dit Julienne, je suis navré de prendre ton temps au moment où tu as des affaires urgentes à régler... mais je ne te reverrai sans doute plus. Je demande à être relevé demain et je partirai pour la France. Ce que tu nous as dit, ton rapport, tout me confirme dans ma conclusion de ce matin : il n'y a rien à faire — sauf si l'on a le goût et les moyens de l'épopée individuelle. Comme toi, apparemment. Pour moi, la seule chose que je puisse préserver, c'est le refus d'être complice.
Marcus secoua sa tête carrée, si étonnante sur ce corps pointu, et regarda de nouveau attentivement vers le haut, comme cherchant des mots qui traduiraient avec précision son sentiment.
— Tu ne dois pas partir, Julienne. Je voudrais essayer de te dire pourquoi...
« Si tu veux : la pacification, en un sens, c'est fini. Remarque bien : c'était concevable. Mais en s'y prenant tout autrement. Une armée si nombreuse, venue de la métropole, pouvait être un instrument de rapprochement avec la population d'ici. La passion des Arabes était dressée contre la colonisation ; pas vraiment contre la France. Il fallait que l'armée soit indépendante de la colonisation, qu'elle se différencie de l'administration corrompue, des colons, des policiers, des maires, de tout ce qui a été depuis un siècle l'appareil colonial, et qui forcément va sauter. L'armée pouvait le faire : elle pouvait être l'arbitre, et transformer la nature du problème à résoudre. On a fait le contraire.
Marcus parlait avec une voix qui lui ressemblait : inattendue et grave. Son visage, ses gestes formaient avec cette voix une unité, et nous éprouvions en l'écoutant — je l'éprouve aujourd'hui encore — une sorte d'avidité gênée, une envie troublante de l'écouter toujours, qui pouvait être un pressentiment. Il continuait, sans aucune hâte, comme si rien d'autre ne comptait plus au monde que de convaincre son ami.
« En manquant la pacification, par une sottise accablante, nous avons débouché, Julienne, sur une affaire immense. Il n'est pas possible — écoute-moi bien : pas possible — qu'une armée de 500 000 Français, la plus considérable qui ait jamais passé les mers, soutenue par l'effort de tout notre pays, disposant de toutes ses ressources, soit le témoin impuissant jusqu'au bout de sa propre faillite, ou de son déshonneur. Non, cette fois, ce n'est plus du tout le corps expéditionnaire d'Indochine — cette fois, c'est la nation. Ce serait un désastre qui dépasserait de très loin l'affaire d'ici : il ne s'agit plus de bataille d'Algérie...
« Rends-toi compte : ces rappelés, ces appelés, ces maintenus, c'est une génération entière qui passe par nos mains. Nous en faisons normalement des ratés, quelquefois des monstres. Nous pourrions en faire des héros... Mettons, plus simplement : des hommes. Pour ça, il n'y a pas de système, seulement l'exemple. Ce que tu appelles l'épopée individuelle est donc une nécessité absolue. C'est la dernière chose qui nous reste à faire — mais c'est la plus importante... Je ne parle plus du succès politique (le maintien de l'ordre, la chasse aux fellagha), je parle de ce qui restera bien après que l'Algérie sera devenue une nation libre : comment se conduisent un demi-million de jeunes hommes délégués par la France au milieu d'une autre race, d'un autre peuple ? Au bout de l'aventure, au fond de tout, quand cette affaire sera terminée, et qu'elle ne dessinera plus à la surface de l'histoire qu'une ligne de vérité, que lira-t-on : la haine — ou l'amour ? Si les pays ont une âme, celle de la France est ici : à sauver.
« Ça, tu vois, ce n'est pas encore joué. Ce sera à perdre ou à gagner jusqu'au dernier moment, tant qu'il y aura encore des soldats français ici — et par quelques-uns d'entre eux. La pacification, j'en ai peut-être fait mon deuil. Mais de cela, non. Et c'est mille fois plus important.
« Voilà pourquoi tu vas rester, Julienne. Pour jouer

ton rôle, irremplaçable, comme les autres, dans cette bataille-là.

L'adjudant Bonnard entra de nouveau. Il avait repris son visage d'angoisse, en pire. Cette fois, Marcus, en le regardant, eut un choc.
– Eh bien ! Bonnard ?
– Mon commandant, une catastrophe !
– Eh bien ! quoi ? Allez-y, nom d'un chien !
– Mon commandant... les déserteurs ont emporté deux F. M. et les chargeurs... C'est une catastrophe...
C'en était une. On peut admettre, à la rigueur, de vivre avec trois ou quatre désertions par mois. Mais sûrement pas en perdant ces armes meurtrières, parfaitement adaptées à la guerilla, et qui valent de l'or pour les rebelles : les fusils-mitrailleurs. Chaque F. M. perdu, c'est la certitude pour nous d'un convoi décimé, un jour, sur une route. Et c'est, sur un autre plan, la fureur déchaînée des autorités. Fureur légitime : on estime que la rébellion a récupéré sur l'armée française elle-même environ trois fois plus d'armes que tout ce qu'elle a pu recevoir de l'extérieur. Elle se nourrit sur nous.
Marcus était plus que préoccupé. Il lui fallait imaginer une réaction immédiate. S'il ne retrouvait pas les déserteurs et leurs armes, son expérience était liquidée. Les critiques et les jalousies dont il était l'objet déclencheraient une tornade à laquelle il ne pourrait plus résister. Et la sévérité même des jugements qu'il portait très librement, et ouvertement, sur les méthodes conformistes de l'ensemble de notre appareil militaire, se retournerait contre lui. Pratiquement, il lui restait quelques heures pour agir. Si la nuit tombait avant qu'on ait rejoint les fuyards, l'affaire était sans doute perdue. Comment tenter de les retrouver : un bouclage ? Illusoire. Il ne pouvait songer qu'à un seul moyen : jouer son crédit auprès des musulmans de la région qu'il connaissait, aller les voir, avec ses hommes, et espérer qu'ils lui indiqueraient le passage des déserteurs.
Pendant que Marcus terminait, avec son adjoint musulman Bousquine, les préparatifs de sa patrouille, le commandant de notre régiment, le lieutenant-colonel d'Espanieul, qui rentrait de Paris et souhaitait, comme chaque fois, nous raconter en détail les péripéties de ses démêlés avec les ministres, était venu nous rejoindre. Il voulait nous emmener dîner à l'hôtel Saint-Georges d'Alger. Julienne, qui avait la tête en feu, n'était pas hostile à un moment de relâchement.
Marcus, équipé pour une longue randonnée, sauta à côté de son chauffeur, en nous faisant un grand signe amical. Suivi par Bousquine, dans une autre jeep, et deux camions chargés de ses goumiers, il partit vers le Sud, incertain de son destin.
Il parlait à l'instant de l'épreuve de vérité pour le pays : maintenant c'était la sienne.
Dîner au Saint-Georges, c'est comme la Légion d'honneur : indispensable. Pour être dans le coup, il faut avoir y été vu.
Construit sur la hauteur, dans le style tropical, un peu au-dessus du Palais d'Eté du Gouverneur Général, il était devenu ce carrefour grouillant que fut, au centre d'Alger, la terrasse de l'Aletti après le débarquement allié de 1942.
Mais il ne suffit pas de monter dans une voiture, se faire conduire à l'hôtel et prendre une table, pour « dîner au Saint-Georges ». Non. Il faut connaître, et être reconnu.
Tout tient dans les échanges. Dans les informations que l'on recueille, et celles qu'on apporte ; dans cette nuance que l'on sait distinguer, par rapport à la semaine précédente, dans l'opinion ou l'humeur de telle personnalité ; dans cette mesure subtile du milieu ambiant, qu'il faut savoir apprécier, et qui fournit la température de la guerre, officielle. Non, dîner au Saint-Georges n'est pas à la portée de tout le monde.
Mais ce soir-là notre introduction dans l'élégante salle à manger se faisait sous les meilleurs auspices. Le lieutenant-colonel Robert d'Espanieul était le roi du Saint-Georges. Il régnait sur ce milieu avec aisance, pour beaucoup de raisons ; mais surtout parce qu'il n'en faisait pas partie. S'il impressionnait les salons d'Alger, ce n'était pas en pratiquant l'art d'être meilleur « salonnard » que les autres. Au contraire. C'était par sa brutalité physique, et son goût très évident de la bagarre – sous plusieurs formes. Quand on le voyait en train de dîner dans la grande salle, on pensait que deux heures plus tard il serait, presque sûrement, dans les montagnes du Sud, en patrouille de nuit à marche forcée ; et, sinon, en train de séduire une des quelques jolies femmes qui, à Alger, valaient le déplacement. L'un ou l'autre : sans difficulté.
Dîner avec lui était un plaisir. Chacune des tables devenait une histoire.
Julienne était ravi. Il regardait cet aquarium avec délice ; tout le distrayait, l'amusait. Il ne pensait plus ni à l'opération du matin, ni aux problèmes nouveaux que Marcus lui avait posés. Il avait cette faculté, précieuse, de savoir se détendre, de pouvoir laver son esprit en participant à fond aux préoccupations séduisantes d'un moment sans importance.
Et comment être insensible à cette impression de se trouver au centre des choses, que crée la présence des gens « qui comptent » ? Autour de nous, il y en avait une pléiade : le sénateur tout-puissant propriétaire des plus belles terres de l'Algérois, en conversation grave avec deux parlementaires chargés d'enquête par l'Assemblée nationale ; le conseiller politique du ministre résidant, seul, au régime, important ; un héros de Diên Biên Phu qui « fait » la couverture des magazines, et deux ravissantes femmes venues passer le week-end avec leurs maris mobilisés, au milieu de quelques officiers enchantés ; le président très « parisien » du Conseil général qui avait sa photo ce matin à la « une » du Journal d'Alger avec le réfrigérateur offert à un régiment de rappelés par une fondation charitable ; et là, dans ce coin plus à droite, c'est bien le commandant en chef lui-même, sobre, discret, que les passants de table en table ne dérangent pas, auréolé par le prestige de la fonction et la douceur de ses cheveux d'argent.

Ce n'est qu'une impression, bien sûr : les vrais événements se préparent rarement là où sont les vedettes. Dans cette même salle à manger, trois ans avant, autant de personnages pouvaient être réunis — mais MM. Ben Bella et Ouamrane, totalement inconnus, griffonnaient dans une mechta anonyme de l'Aurès les plans encore infantiles d'une insurrection déraisonnable...
— Qui est cette ravissante brune ? demanda Julienne au colonel, situant la nature de ses préoccupations.
La brune en question n'était pas inconnue à d'Espanieul.
— Ce qui m'est arrivé avec elle est assez drôle...
Jouissant de cet entracte dans un monde insolite, nous avions fini par oublier où nous nous trouvions. Nous fûmes surpris de voir arriver, à travers les rangées de tables, très gauche, dans sa tenue de combat camouflée, le soldat Geronimo se dirigeant vers nous.
— Mon colonel, dit Geronimo au garde-à-vous, je viens vous chercher et les autres officiers aussi : nouvelle embuscade sur la route de Sakamody.
— Il y a des tués ?...
— Vingt morts, et des blessés ; presque tout le convoi...
— Quelle unité ?...
— Un régiment de dragons... surtout des soldats musulmans à ce qu'il paraît...
Une seule question restait en suspens. Personne ne pouvait se résoudre à la poser. Finalement, Espanieul :
— Qui commandait le convoi ?
— Le commandant Marcus.
— Il est mort ?
— Non. Disparu... L'autre officier est mort : le lieutenant Vousquine ou quelque chose comme ça... Les vaches, j'aurais donné cher pour y être !
Julienne se leva.
Espanieul se leva. Tous ensemble nous traversâmes la salle à manger, vers nos jeeps que l'on apercevait, à l'autre bout, derrière les plantes vertes de la terrasse.
D'ici à Sakamody, il nous fallait une heure et demie... Quatre-vingt-dix minutes, donc, avant de rejoindre dans cette gorge cruelle dont nous connaissions chaque virage, nos camarades qui devaient déjà être en battue, et avant d'apprendre, peut-être, ce qu'était devenu le petit homme — agrandi par l'image que notre espérance en dessinait, dans le ciel de lune, sur les nuages audessus de cette crête lointaine de Sakamody.

L'embuscade s'était produite dans une vallée. Le commandant Henry, alerté à son P.C. par un message radio, nous attendait avec ses hommes sur le lieu même du combat. Plus exactement : de la boucherie.
Seize cadavres bruns, quatre cadavres blancs, nus, mutilés avec précision, étaient alignés sur le bord de la route. Deux survivants. L'un — soldat musulman — miraculeusement indemne. L'autre mourant : le lieutenant Haouch Bousquine, second de Marcus.
Le drame avait été instantané, classique.
Marcus, à la recherche de ses déserteurs et de leurs fusils-mitrailleurs, roulait vers Tablat. Le véhicule de tête avait dépassé une première banquette et arrivait à la hauteur de la seconde quand l'assassinat collectif à bout portant, qu'est toute embuscade bien armée et bien montée, avait commencé.
Deux F.-M., l'un par l'avant du convoi, l'autre par derrière, avaient pris sous le feu croisé de leurs rafales, les jeeps et les Dodge, tuant tout de suite trois chauffeurs sur quatre. Les soldats de Marcus — musulmans sauf l'adjudant Bonnard et les chauffeurs — avaient « giclé » vers les fossés, en commençant à tirer. Bien entraînés, ils avaient rapidement effectué cette manœuvre, qui est la seule sauvegarde possible. Le combat allait s'engager : la compagnie avait apporté avec elle, en affût sur la jeep de tête, un fusil-mitrailleur qui pourrait tenter de neutraliser ceux des assaillants.
Dans le vacarme, les oreilles exercées ne distinguaient, cependant, du côté de la route, que les rafales des mitraillettes et les coups réguliers des carabines : pas de F.M.
Que se passait-il ?
Marcus regarda vers la jeep : le F.M. était immobile. Son servant, l'un des musulmans, recroquevillé sur le plancher de la voiture, ne bougeait pas. Marcus, en rampant, se dirigea vers lui. Avant qu'il eût parcouru la moitié de la distance, l'homme était brusquement remonté à côté de son arme et, tandis que les armes embusquées s'arrêtaient, il retourna son affût par une volteface rapide et mitrailla à bout portant ses camarades qui, tous de dos, se présentaient à lui comme des cibles de jeu de massacre. C'était la trahison calculée, imparable.
Marcus, l'homme de l'épopée, noyé dans cette atroce débandade de ses espoirs, assourdi par les cris de terreur de ses soldats déchirés dans le dos, là où ils attendaient la protection, Marcus s'était jeté en trois bonds sur la jeep, avait tué le félon de ses mains, puis, retournant le F.M. vers l'avant, il avait recommencé à tirer. Sur les vingt-trois hommes du convoi, il n'en restait plus que cinq — dont lui. Les autres étaient étendus, morts ou blessés.

Les assaillants, dissimulés par les méthodes habituelles, continuaient, invisibles, de balayer la route de leurs doubles rafales croisées. Aucune chance d'en sortir. Les hommes de Marcus, saisis par la panique étaient paralysés.
Marcus se jeta au milieu d'eux, dans le fossé. Il leur hurla l'ordre de le suivre, à l'assaut d'un des fusils-mitrailleurs embusqués.
Bousquine, cloué au sol, les jambes écrasées par une rafale, avait vu alors deux des survivants refuser l'ordre de Marcus et fuir dans le fossé en abandonnant leurs armes. Les trois autres étaient montés avec Marcus à l'assaut, bondissant d'un buisson à l'autre.
La nappe de feu continuait, ininterrompue.
Bousquine, ayant autre chose à faire qu'à attendre l'épilogue en spectateur, avait commencé de se traîner, sur les bras, tirant ses deux jambes mortes, vers n'importe quelle cachette : il savait, étant leur frère de race, la manière dont les fellagha allaient terminer l'affaire.
Après un crescendo rapide du feu, indiquant que Marcus et son commando tiraient à leur tour, le vacarme s'était, soudainement, arrêté.
Fils d'une famille misérable de la casbah de Philippeville, officier de l'armée française sorti du rang, convaincu par l'homme qu'il adorait, le commandant Marcus, de se joindre à lui dans l'aventure de la vraie nomadisation, séparé de ses deux frères passés au maquis, déchiré à ses heures par le doute, mais sûr finalement de servir dans une tentative sincère une juste cause — Bousquine, terrorisé dans un fossé, perdant tout le sang de son corps, avait vu, dans un dernier tableau, une section de fellagha en uniforme dévaler la pente vers la route, arracher à tous ses camarades leurs armes, leurs vêtements, leurs yeux, et tout ce qui, sur leur corps, pouvait être mutilé, puis, au coup de sifflet de l'un d'entre eux, qui portait un ou deux galons rouges sur l'épaule, se précipiter de nouveau vers le maquis.
De Marcus, plus rien.
— Ce sont les déserteurs de la propre compagnie de Marcus qui ont fait le coup avec la bande, ajouta, en terminant le récit qu'il tenait des survivants, le commandant Henry, précis, élégant comme d'habitude.
— A quoi les reconnaissez-vous ?
— Ils ont laissé l'un des deux F.M. sur le terrain : celui que Marcus a pris d'assaut. Il a réussi : les trois fellagha qui servaient le F.M. ont été tués, les autres n'ont pas eu le temps de l'emporter. C'était l'une des armes volées chez Marcus.
Bousquine agonisait. Son regard se promenait lentement sur nous, paraissant exprimer le même sentiment que Bonnard nous avait rapporté le jour du vol des armes : Bousquine avait honte.
Espanieul s'approcha de lui.
— Il faudra continuer, dit Bousquine très bas en direction d'Espanieul. C'est Kodja qui a tué... Je sais que c'est lui... Il veut tout couper, tout — qu'il reste plus rien... la haine... il faudra continuer, dites au commandant Marcus...

A l'entrée du poste de « Louvois », la sentinelle, ayant dévisagé, avec sa torche, les occupants des trois jeeps, retira le rouleau de barbelés qui coupait le passage, et nous laissa entrer.
Tout était silencieux.
Nous étions dans le petit carré central de sable, encadré par les tentes, et marqué en son milieu par le long piquet qui, de 6 heures du matin à 6 heures du soir, porte les couleurs nationales. Comme une belle image de « la Bandera ».
Dans l'une des tentes, une lumière s'alluma. Nous vîmes, en ombre chinoise, sur la toile tendue, les gestes précipités d'une silhouette engouffrant une chemise dans un pantalon rapidement hissé. Aussitôt, au pas de gymnastique, sortit une boule gentiment fagotée qui, arrivée à nous, se présenta.
— Sous-lieutenant Bodard, commandant le poste de Louvois ! Mes respects, mon colonel !
Les paroles, enrichies d'un accent chaleureux, étaient martiales — l'allure l'était moins.
Bodard était un rappelé de vingt-six ans, sorti des Arts-et-Métiers. Un garçon consciencieux, courageux même, mais regrettant chaque jour — il n'en faisait aucun mystère — sa planche à dessin d'une grande usine chimique des Pyrénées : il n'avait toujours pas découvert la nécessité de son exil immobile sur un « piton » du Sud algérois.
Bodard fut rapidement mis au courant des événements de l'après-midi. Espanieul, alors, nous expliqua le plan qu'Henry et lui-même avaient en vue. Premier objectif : éviter, autant que possible, de répandre dans la nature une troupe nombreuse et vengeresse qui viderait la région de ses derniers habitants. Deux : essayer de ne pas effaroucher la bande fellagha qui fuirait le combat, et s'évaporerait, si nos moyens étaient, comme à l'ordinaire, trop écrasants. Conclusion : partir à la recherche de la bande, et de Marcus, en deux colonnes légères d'une dizaine d'hommes, sans renforts apparents. Ces patrouilles resteraient simplement en liaison radio avec le gros du dispositif, à l'arrière.
Seulement le travail, sous cette forme, était risqué. Espanieul ne voulait donc que des volontaires.
— Oh ! dit Bodard avec une moue expressive, vous aurez toujours trois ou quatre têtes brûlées... ça, oui... ceux que ça amuse... toujours les mêmes... Vous voulez les voir ?
— Bien sûr. Faites-les entrer, un par un !
Entra un petit trapu, extraordinairement large de torse pour sa taille, un beau visage, cheveux noirs crépus et nez droit, très bronzé, la chemise ouverte, le menton et le cou vigoureusement braqués. Au garde-à-vous :
— Caporal Lapierre, 2e compagnie, 3e section.
— Vous êtes volontaire ?
— Oui, mon colonel.
— Bravo. S'adressant à nous : « Il a une belle gueule, non ? » Est-ce que c'est indiscret de vous demander pourquoi ?
— Je suis toujours d'accord pour montrer aux bougnoules qu'on n'est pas des mauviettes... Et puis, ici, on fout rien. Ça fait deux mois que je suis

sur les pitons et qu'on s'emmerde. Les gars, ils attendent la quille, moi j'aimerais mieux faire du boulot...
— Parfait. Attendez dehors, mettez-vous en tenue de combat. On vous donnera vos instructions tout à l'heure.
Un dernier salut irréprochable. Lapierre sortit, satisfait visiblement d'être en vedette.
— Alors, celui-là, c'est pas si mal, hein ? Il en veut, y a pas de doute, dit Espanieul pas fâché de montrer une fois de plus son pouvoir de séduction. Et regardant Bodard : « Est-ce qu'il a de l'ascendant sur ses camarades ? Qu'est-ce qu'il fait dans le civil ? »
Bodard, secouant ses épaules un peu grasses, l'air beaucoup moins chaud que le colonel, mit les choses au point :
— Je vous l'ai dit, il y a quelques fanas. Celui-là, et il y en a un autre comme lui, ce sont deux cocos... C'est des gars avec lesquels on avait eu tous les emmerdements en France avant le départ — mutineries, sabotages, inscriptions sur les murs contre la « sale guerre » —, des meneurs, quoi. Ils distribuaient, au camp, et même encore à Marseille, des tracts du Parti à leurs camarades... Depuis qu'ils sont ici... Ah ! Au bout d'un mois, y avait pas plus fana-mili. Ils veulent jouer aux durs. Faut toujours qu'ils montrent aux autres qu'ils sont des Jules : en France, en les excitant contre les officiers — ici en voulant bouffer du bougnoule... C'est bien pareil.
— Bon, ça fait déjà deux... Faut bien prendre ce qu'on a sous la main : après tout, si on pouvait transformer tous les communistes en agents de la pacification, ça ne serait pas si mal. C'est sûrement des gars utilisables, il n'y a qu'à les regarder... Alors, et après ?
Bodard fit entrer un garçon mince, musclé, une trentaine d'années, petite moustache blonde bien taillée, le visage creusé exprimant une certaine morgue qui lui donnait du caractère.
— Sergent Brique, 2e compagnie, 1re section. A vos ordres, mon colonel !

Vous êtes volontaire ?
— Oui, mon colonel.
— Très bien, Brique, merci, dit Espanieul. Nous savons que nous pouvons compter sur des hommes comme vous... Est-ce que vous pensez que beaucoup de vos camarades sont volontaires également ?
— Je ne crois pas, mon colonel. Ils ont la trouille.
— La trouille ! Nom d'un chien : mais la trouille de quoi ?... D'aller à la bagarre ?
Espanieul, ancien de la colonne Leclerc, seize citations, était pénétré d'étonnement. Mais il se trompait.
— Non, mon colonel, intervint le calme Bodard. Pas la trouille de la bagarre, la trouille d'être volontaires... Si vous leur commandez d'y aller, ils iront et ils se battront très convenablement. Mais faut pas leur demander d'être volontaires : même s'il y en a qui en auraient envie, ils n'osent pas l'avouer devant leurs camarades. Ils n'ont pas la trouille — ils ont honte d'être volontaires. Faut pas leur en vouloir : c'est naturel...
— Mais enfin, reprit Espanieul, c'est pas possible... il n'y a tout de même pas que des communistes et des fascistes comme volontaires dans votre compagnie... c'est pas possible...

Au-dehors de la tente où nous étions réunis, un brouhaha tranquille indiquait que les hommes échangeaient leurs impressions. Au loin, des coups de feu isolés et des rafales sèches se répondaient. Un jeune sergent entra dans la tente. Nous le connaissions : c'était Baral, dit Lapin, petit, noir, intelligent. Il régnait sur beaucoup de ses camarades par une faculté supérieure à la moyenne de savoir exprimer ce qu'il pensait. Il arrivait, flanqué de deux soldats qui l'accompagnaient timidement : une vraie délégation.
Espanieul aimait bien Baral ; au début, il l'avait pris pour ordonnance. Mais Baral, qui s'ennuyait, avait demandé à rejoindre les autres dans son unité.
— Eh bien, Lapin, vous êtes volontaire, vous, je pense ?
— Mon colonel, c'est pas pour ça que je suis venu... Nous sommes envoyés par nos camarades pour vous dire que nous ne sommes pas des lopettes. Il paraît que vous avez chargé le sergent Brique de nous dire que nous étions des lopettes. Alors, on vient vous voir pour s'expliquer... Si vous voulez que nous allions tous dans la patrouille de cette nuit, on ira tous. On n'a pas peur... mais il faut nous commander... Etre volontaires, non les gars veulent pas...
— Et pourquoi pas ?... Vous me dégoûtez. De quoi est-ce que vous avez peur ?... Je vais vous le dire : vous avez peur de vous faire traiter de fayots par deux ou trois meneurs, qui doivent être parmi vous... Voilà la vérité...
— Non, mon colonel, pas seulement... C'est vrai, il y en a qui veulent pas qu'on dise, quand ils retourneront au boulot en France, qu'ils ont été volontaires. Par exemple, Truffié, de chez Renault, il dit que s'il était volontaire, on lui cassera la gueule au retour... Peut-être qu'il y en a une dizaine comme lui ; c'est question de syndicats... Mais d'autres, c'est pas ça : ils sont pas contents d'être ici, c'est tout... sont pas *contre,* mais ils trouvent qu'on les traite pas bien. Vous savez : on mange pas bien, on a des baraques promises depuis deux mois et qui viennent toujours pas, on arrive souvent à plus de trois heures de garde par nuit, tout ça, c'est fatigant... Les gars sont pas contents, ils râlent.
L'un des soldats qui restaient un peu en arrière de Baral commença à ruminer tout haut, puis parla plus clairement :
— C'est pas tout... c'est rapport aux familles que ça colle surtout pas... On reçoit des lettres de chez nous, les femmes réclament de l'argent : elles ont encore rien touché. Des mois que ça dure... nous on a rien à leur envoyer et, à la maison, il y a personne pour ramener de l'argent à notre place... A la première lettre, on leur a dit de pas s'inquiéter, elles recevraient bien quelque

chose, ou de l'armée, ou de l'usine... Mais au bout de trois lettres, vous voulez qu'on leur dise quoi ? Alors, on écrit plus... Mais on y pense tout le temps : c'est pas bon pour le moral...

Espanieul était extraordinairement attentif. Il découvrait la distance qui séparait, sans qu'il en eût le sentiment, sa vision de la Patrie au combat, de la nature vraie de cette troupe en campagne. Trop de distance. Le héros du Fezzan sortait douloureusement de son rêve doré.

Ramenant, d'un geste lourd, ses épais cheveux noirs en arrière, conservant sa main gauche dans la poche arrière de sa tenue de parachutiste, il fixa Baral :

— Lapin... la France — ça ne leur dit rien à vos petits copains ?

Le jeune sergent resta indécis devant une question aussi incongrue. Il tira de son blouson une petite pipe avec laquelle il se mit à jouer des deux mains, comme pour se rassurer sur la réalité des choses en touchant un objet familier.

— Mon colonel... je ne comprends pas très bien ce que vous voulez dire..., ou plutôt je vois pas le rapport. Mais je vois bien que vous nous jugez mal... et là je crois que vous avez tort. C'est ce que mes copains m'avaient chargé de vous dire : si vous nous commandez d'y aller, on ira — personne se dégonfle. Mais faut pas compter sur eux pour être volontaires...

L'étrange délégation se retira.

La question était réglée : Bodard désignerait par ordre du colonel, sept hommes — en plus des trois fanas — pour nous accompagner en deux patrouilles légères à la recherche de la bande.

Les deux patrouilles quittèrent « Louvois » avant l'aube pour parcourir, chacune, un long itinéraire, avec prudence et méthode. Henry commandait l'une, Julienne l'autre.

J'étais avec Henry. La journée fut longue et monotone. La campagne était presque déserte. La terreur, comme toujours, l'avait vidée de tout ce qui pouvait marcher pour fuir. Les menaces brutales des fellagha contre ceux qui pourraient dénoncer leur passage, avec exécutions immédiates et sauvages pour donner l'exemple, les tirs de nos pelotons de chars, ces tirs qui s'appellent maintenant dans le jargon réglementaire « à priori » — c'est-à-dire avant de savoir sur quoi on tire — avaient, ensemble, fait leur travail habituel.

Seuls, devant la porte d'une maison abandonnée, accroupis au coin d'un jardin, comme des objets, quelques vieillards, quelques femmes nous regardaient passer.

Nous n'avions pas cherché à nous dissimuler — au contraire. Le but de ces patrouilles légères était, en quelque sorte, de servir d'appât et d'attirer, par leur faiblesse relative, la bande adverse pour obtenir l'accrochage. Nous espérions donc que les guetteurs feraient leur travail et signaleraient notre présence.

Il était déjà tard. Il restait, avant la tombée de la nuit, à peine le temps de rentrer à la base.

Le retour fut plus pénible que la journée tout entière. Nos pieds nous faisaient mal, nous n'avions rien aperçu qui fournît une indication sur le refuge de Marcus, les villages déserts prenaient, avec la fin du jour, l'allure de ruines aquatiques — les mêmes vieillards, les mêmes femmes étaient aux mêmes endroits.

Le trajet paraissait interminable. Nos volontaires transformaient leur déception en humeur menaçante. Mais il n'y avait rien à tuer. Les autres, blasés, interrogeaient Henry pour savoir s'il y aurait un casse-croûte prévu à la route, ou s'ils devaient, hélas, attendre le retour au poste. Henry, bien entraîné, tenait le coup physiquement, malgré sa vieille blessure derrière le cou qui le faisait souffrir (il avait dû passer sa carabine à Lapin), mais il était préoccupé à l'idée que peut-être la patrouille de Julienne serait, elle, tombée sur du « dur » et aurait eu un accrochage intéressant.

Nous approchions maintenant de la route : on commençait à entendre le grondement des patrouilles blindées, à intervalles réguliers.

A la même heure, la veille au soir, nous apprenions la brusque tragédie qui avait frappé le convoi de Marcus. Un drame, après d'autres — et déjà le sentiment du travail ordinaire.

Au campement provisoire, le retour de notre patrouille était attendu, annoncé par notre radio portative. Julienne et son équipe n'étaient pas encore arrivés. Mais ils avaient pris aussi le contact radio. Et leur dernier messsage indiquait qu'ils avaient retrouvé Marcus — mort, avec les trois derniers de ses goumiers. Julienne, portant dans un sac le dorps de son camarade affreusement découpé à la hache, était sur le chemin du retour.

J'accepte de servir dans une équipe des nouveaux commandos nomades, dont la mission est de rétablir un climat de confiance dans la population algérienne, et de créer des conditions d'insécurité pour les fellagha.

Je sais que ces équipes légères auront à subsister et éventuellement à se défendre par elles-mêmes, pendant plusieurs jours et plusieurs nuits, en parcourant souvent des territoires difficiles. Je mesure ce risque, et je l'accepte.

Je m'engage en outre, sur l'honneur, à respecter la règle des nouveaux commandos nomades : tout musulman sera considéré par moi comme un ami, et non comme un suspect, sauf preuve du contraire.

Je mesure aussi le risque supplémentaire que cette règle, indispensable à la réussite de notre mission, me fait courir, et je l'accepte pleinement.

La centaine d'hommes, alignés par petites colonnes de cinq, présentaient un spectacle inhabituel. Coiffés de la calotte arabe tricotée noire, cerclés au milieu du corps d'une large bande de flanelle noire, équipés simplement d'une sorte de musette, légère, pendue à la ceinture, ils avaient l'allure exacte d'une troupe de fellagha. Seule, une boîte carrée, portée par un homme sur cinq, et d'où surgissait un fil de fer

dressé, indiquait, par l'équipement radio, qu'il s'agissait bien de nos maquisards à nous. Et ce petit groupe rassemblé là, à peine l'effectif d'une compagnie, cette tête d'épingle, noire, dans l'immense armée d'Algérie — c'était tout notre espoir. Peut-être : notre illusion.
Les « Commandos Noirs », après deux jours de repos, repartaient pour leur cinquième campagne de nomadisation chez les Arabes.
Le colonel Galland, comme Marcus avant lui, avait reconnu l'objectif essentiel : retrouver le contact avec la population musulmane. Tout le reste en dépendait.

L'expérience était limitée. En surface : elle couvrait un petit bout de l'un des nombreux secteurs opérationnels de l'Algérie. Dans le temps : elle commençait avec des « rappelés » qui n'avaient plus que deux ou trois mois à servir avant d'être relevés.
Mais elle avait rapidement attiré l'attention. L'état-major, comme les journaux d'Alger, avait bien compris que la portée de l'expérience dépassait de loin son envergure immédiate : il s'agissait d'une orientation. D'une attitude de l'esprit face à la réalité algérienne. D'une manière différente de traiter le problème. Si l'idée que contenaient en germe ces petits commandos devait se développer — et d'autres expériences, proches de celle-là, étaient tentées à travers l'armée d'Afrique — c'était l'ensemble des méthodes de la pacification qui pourrait être amené à changer de nature. L'affaire était suivie avec passion, dans des sens divers.
Le colonel Galland en était conscient.
Le lieutenant Martin, qui avait été sous les ordres de Galland dans le maquis du Laos, et Espanieul, qui l'avait suivi à travers la Libye dans la lutte contr Rommel, parlaient de lui avec les mêmes mots, la même intonation, le même plissement des yeux et des lèvres : « C'est un soldat ! »

Ce qui voulait dire, entre autres, que le colonel Galland n'avait pas d'amis : le vrai commandement implique la solitude. Que, marié et père de cinq enfants, il avait depuis vingt ans déménagé trente fois pour pouvoir être au combat, là où l'armée française, par n'importe quel bout, s'y trouvait. Qu'ayant pris en horreur l'altération de la vie militaire, comme de la nation, par le bluff et le mensonge, il s'était fixé pour règle de ne jamais extrapoler, ni même d'imaginer, de s'en tenir aux faits bruts et de s'arcbouter de tout son poids contre la dégradation de l'exactitude. Que, colonel depuis bientôt dix ans, couvert de gloire et de blessures (un bras perdu en Indochine), il n'était toujours pas général, ce qui constituait un scandale, dû à son refus d'obstiné d'aller dans le bureau des ministres pour « avoir une conversation »... Oui, Galland était un soldat, comme il en existe encore quelques-uns.
Il terminait maintenant son exposé aux chefs d'équipes, réunis dans la pièce du « briefing », une salle de classe désaffectée.

— Messieurs, il dépend de vous que la méthode de ces commandos nomades soit adoptée, un jour, sur une vaste échelle. Vous avez eu la visite spéciale du commandant en chef et du ministre résidant : vos succès ou vos échecs sont notés, étudiés, enregistrés... Si vous parvenez, grâce à vos efforts et votre comportement, à conquérir l'estime de la population musulmane, vous pouvez modifier considérablement son état d'esprit dans cette zone. Votre tâche est la plus difficile qui, en Algérie, puisse être confiée à une troupe — comme vous l'avez déjà compris... Un dernier mot : prudence. La nature même de votre travail implique de ne pas tirer les premiers, de faire confiance à priori, ce qui comporte le maximum de risques. Cela est accepté. N'allez pas au-delà. Soyez toujours l'esprit aux aguets. Je dirais : d'autant plus que votre attitude et vos gestes doivent le manifester moins. Ne vous faites pas tuer bêtement en confondant le sang-froid avec l'insouciance : vous porteriez une atteinte grave au prestige de ces équipes... Je vous remercie. Bon travail !
La petite salle, chaude de tant d'hommes réunis, commença à s'emplir de bruit. Chacun réclamait, avant d'aller rassembler son équipe, ce qui lui manquait : une carte de la zone à parcourir, une fusée de couleur pour appeler au secours, l'argent pour les frais de nourriture, des médicaments de première urgence... Le tumulte de ces départs en nomadisation était toujours particulier : les galons n'existaient plus. Il y avait le chef d'équipe, et ses équipiers — rien d'autre. Si un sergent était responsable d'une équipe et qu'un officier vienne s'y ajouter, il devait accepter l'autorité du sergent. C'était la règle des Commandos Noirs. Elle accentuait le caractère « aventure » de l'affaire... et donnait du tonus aux sergents.
Il était temps de démarrer. Depuis l'endroit où les camions allaient nous déposer, sur la route au pied du djebel, il fallait encore trois heures de marche, sur des pistes difficiles, pour atteindre la mechta où notre équipe devait prendre le premier contact : Sidi-Salem.

L'adjudant Peisson prit la tête. Je marchais à côté de lui.
Nous commençâmes la remontée lente du lit d'un oued, desséché, désert, dans une gorge entre des massifs touffus... Après tant d'heures bruyantes de vie collective, au régiment, dans la cour de la compagnie, dans les camions, nous retrouvions, avec gravité, le silence et la solitude de ce travail nomade. Détachés de la carapace blindée que la « pacification » applique sur toute la surface de l'immense pays, nous replongions dans le ventre chaud de l'Algérie.
La montée vers la mechta ne fut pas une partie de plaisir. Vers la tombée de la nuit, trois kilomètres environ avant Sidi-Salem, une rafale tirée de nulle part, suivie aussitôt d'une autre — toujours impossible à localiser —, arrêta notre marche.
La nomadisation commençait difficilement. C'était naturel et prévu : nos commandos irritaient beaucoup les fellagha, qui avaient juré d'interrom-

pre l'expérience à la fois en liquidant d'une manière spectaculaire quelques-uns des Arabes qui nous recevaient trop volontiers chez eux, comme la semaine dernière, après notre passage, à Bou-Segha ; et en écrasant, si possible, l'une de nos équipes – ce qui n'avait pas encore été fait.
Ces deux rafales marquaient sans doute le départ d'un accrochage qui risquait donc d'être dur.
Mais notre dispersion de combat commençait à peine, qu'un orage de grêle comme aucun de nous n'en avait jamais vu, vint s'abattre avec une violence inouïe sur la zone. Aussi efficace qu'un tir d'artillerie, avec ses galets de glace, plus gros que le poing, projetés du ciel, l'ouragan nettoya tout... En sortant de nos cachettes improvisées, sous des rochers, aussitôt que le barrage de grêle eut laissé la place à un déluge d'eau, nous n'avions plus rien trouvé : ni les fellagha ni la piste.
Reprenant notre route, tant bien que mal, à la boussole, nous arrivâmes dans la nuit, trempés jusqu'aux caleçons, à la mechta de Sidi-Salem.
Le maître apparent de la tribu, Omar Saïd – que l'officier de renseignements nous avait d'ailleurs signalé comme l'intellectuel de la région, probablement en liaison avec le F.L.N., et fiché comme sympathisant communiste –, fut très étonné de voir arriver notre équipe en si triste état. Mais connaissant, pour les avoir déjà reçus une fois le mois dernier, nos Commandos Noirs, il accepta de faire sortir tout ce qui pouvait être ramassé dans trois ou quatre vieux coffres en bois peint. Puis il nous amena dans la pièce la moins trempée de sa maison de terre où, quittant nos vêtements militaires ruisselants, nous devînmes une bande de corsaires multicolores, mais secs.
Avec son tour de taille impressionnant, et sa tête toute ronde, drapé dans une vaste robe arabe blanche serrée par la ceinture de flanelle noire – seul résidu de l'uniforme commando –, toujours flegmatique, l'air absorbé par des pensées profondes, l'adjudant-chef Peisson, assis sur un escabeau dans le coin de cette pièce basse en terre battue, éclairé par une petite bougie qui jette sur les murs pleins de lézardes son ombre fantastique, suffit à lui tout seul, moine sorti des images de Rabelais, à donner à notre réunion un cachet particulier.
Les autres rescapés de l'équipe sont aussi étrangement accoutrés que lui : chacun de nous s'est arrangé avec les morceaux disparates de la garde-robe de nos hôtes.
Depuis une heure maintenant, nous attendons.
Assis, ou étendus, nous attendons que les femmes – invisibles – auxquelles Omar a commandé un couscous pour notre repas aient terminé leurs minutieux préparatifs.
Omar a fait entrer dans cette petite pièce, l'un après l'autre, trois hommes, jeunes, un peu plus paysans que lui d'apparence, et qu'il présente comme ses frères. Ils sont emmitouflés dans leurs kachabias de laine, assis en tailleur, taciturnes, intimidés. La conversation est plus que pénible. Omar, très réservé, les autres totalement muets, se contentent de nous regarder...
De temps à autre, l'un d'eux sort. Puis, il revient, et s'asseoit, sans un mot, au même endroit.
Peisson, responsable de l'équipe, a placé le sergent Kopf – polichinelle en sarouel bleu roi et en tricot rouge rapiécé – à l'entrée de la cour pour assurer, autant que possible, et sans trop en avoir l'air, un peu de surveillance.
– Dites, chef, il pourrait pas nous faire visiter les appartements ? Ça distrairait...
Geronimo, allongé par terre, taillant lentement une branche d'olivier avec son poignard, n'aime pas être inemployé. Sans doute aussi considère-t-il que s'il y a tant d'hommes, il doit y avoir quelques femmes. Et pas forcément toutes aussi ratatinées que cette folle de Chaillot qui nous a apporté, pour nous faire patienter, des galettes sèches et plates de blé dur – et dont les vieux seins avaient l'air de faire partie du menu.
Peisson, royal, ne répond pas.
Il est là pour « prendre le contact », il veut prendre le contact... Pour ce qui est de rigoler, s'adresser ailleurs. Il se tourne vers notre jeune interprète, Ben Ali :
– Demande-lui s'il est content de la récolte...
Ben Ali traduit à Omar.
– Ch-ou-ia... Ch-ou-ia... laisse tomber lentement Omar, en appuyant sur l'« ou ».
Pas besoin de traduction.
De nouveau, le silence.
Les autres, les frères, mâchent des herbes sans broncher... L'un se lève, sort, ferme la porte doucement.
– Encore !... Mais faut qu'ils pissent toutes les dix minutes ces mecs-là ! dit Geronimo enchanté.
Silence.
Peisson se tourne vers l'interprète.
– Demande-lui s'il a assez à manger pour toute sa famille à cette époque-ci, ou s'il lui manque quelque chose...
L'interprète traduit.
Omar qui est resté debout, appuyé sur l'un des coffres de bois, sort gravement une main, tire un peu sa kachabia, moins rapiécée que celle des autres, pour qu'elle tombe mieux sur son pied droit, enfouit de nouveau lentement ses deux mains dans ses grandes manches. Il ébauche un tout petit sourire sec, et ouvre la bouche le moins possible :
– Ch-ou-ia... Ch-ou-ia...
Silence.
La soirée ne s'annonce pas aussi mouvementée que la randonnée dans la montagne. Ni aussi intéressante que Peisson le voudrait... Il commence même à être un peu moins à l'aise. Quatre Arabes, jeunes et forts, dans cette pièce, une hostilité manifeste, des renseignements un peu inquiétants sur l'état d'esprit d'Omar, les rafales de tout à l'heure – combien d'autres Arabes dans les maisons voisines ?
Peisson jette un coup d'œil discret mais aigu sur les armes. Geronimo, fidèle à ses habitudes, même dans cette robe jaunasse, a gardé sa mitraillette sur son ventre. Kopf est dehors avec la sienne. Les trois autres carabines sont accrochées au mur, à portée de la main, Peisson a son arme sous ses pieds. Ça va...
Une rafale de coups de poings sur l'une des portes en bois, dans la cour, déchire le silence

compact. D'un bond, lâchant baguette et poignard, mitraillette en avant, Geronimo s'est jeté à l'extérieur, se précipitant pour aider Kopf. L'interprète et Canu se sont levés : ils vont vers le mur et leurs carabines... Peisson les arrête d'une voix froide, mais décisive :
— Du calme. Vous affolez pas... Restez à vos places...
Il n'a pas bronché d'un centimètre. Et laissant seulement ses yeux explorer le trou, noir de nuit, derrière la porte que Geronimo a laissé ouverte, il reprend sur le même ton :
— Si vous avez vos nerfs, il valait mieux rester chez vous... Il y a une sentinelle, ça suffit — vu ?... Les autres sont là pour causer... Vu ?
Le calme de Peisson a de l'allure.
Le bonhomme a sûrement près de cinquante ans. Comptable à l'Electricité de France à Montpellier, père de famille, bureaucrate paisible, il a été « rappelé » comme nous tous, mais pour un emploi précis : adjudant administratif. Le poste est une sorte de secrétariat général de l'unité en campagne ; il réclame une certaine compétence pour traiter les papiers, ce qui expliquait le rappel « vertical » du vieux Peisson : on lui avait demandé, avant de signer son ordre de rappel, s'il acceptait d'y aller, et il avait accepté.
Kopf et Geronimo s'engouffrent dans la porte. Ils tiennent, chacun par un bras, un jeune Arabe, vif, musclé, le nez épaté, les cheveux châtains, crépus, l'air débrouillard et peu intimidé. Ils l'encadrent solidement.
Le visage d'Omar bouge, et même, il perd son attitude de méprisante indifférence pour se jeter au-devant du jeune homme... Mais il s'arrête, se reprend et se tourne vers Peisson ; il parle vite.
— Chef, dis-leur le lâcher... C'y mon fils... Ahmed, mon fils... Alors, chef !
— Lâchez-le, vous autres... Vous voyez bien qu'il peut rien vous faire... Je me demande quand vous apprendrez à vous tenir chez les gens... Puisqu'il vous dit que c'est son fils. Vu ?...
Peisson, caustique, est tout de même soulagé : il a eu chaud. Dans cette mechta, au bout du monde, sans contact radio possible à cause de l'orage qui continue, il n'est pas très agréable d'imaginer ce qui se passerait s'il y avait un coup dur.
Omar, ayant montré, dans l'émotion, qu'il n'ignorait pas complètement le français, est un peu dégelé. Et le sang-froid de Peisson l'a impressionné. Il s'adresse maintenant à l'interprète et lui parle longuement en remuant les bras, avec d'autant plus de goût à gesticuler qu'il s'était transformé en statue depuis une heure trente.
Ben Ali traduit.
— Il dit que son fils a failli être tué par des soldats le mois dernier, qu'on l'a pris pour un fellagha et qu'il a reçu un coup de baïonnette dans la jambe droite et qu'on allait le bousiller comme fellagha... Il dit qu'il avait essayé par tous les moyens de voir les gendarmes pour le faire délivrer de la prison, qu'il était innocent, et tout ça... Mais qu'il a même pas été écouté par les flics, qu'ils l'ont toujours renvoyé en lui disant que s'il revenait on le pendrait lui aussi... Il dit que les flics de Kouiba sont des salauds, et que c'est toujours comme ça... Il dit que son fils a dix-sept ans et qu'il est livreur de boulangerie et qu'il n'a jamais fait de politique et qu'il est pas plus fellagha que vous ou moi (façon de parler)... Alors il dit que personne a voulu l'écouter... Il est allé à la mairie, mais le maire a fait dire par le gendarme qu'il avait pas de temps à perdre à recevoir un communiste... Il dit qu'il est pas communiste du tout et qu'on dit ça pour l'embêter, et que c'est le voisin qui a soufflé ça aux gendarmes l'année dernière, parce que le voisin, il avait perdu son âne et qu'il croyait qu'Omar le lui avait volé... Mais qu'il est pas communiste, ni rien du tout, qu'il fait pas de politique... Alors il dit que son fils allait mourir et que si c'était comme ça, lui et tous ses frères, ils deviendraient fellagha ; que les gendarmes c'est des salauds... Alors des mecs en noir comme nous sont venus et il leur a dit qu'ils étaient aussi des salauds et que son fils allait être tué. Le chef des gars en noir (ça doit être Baral, à ce qui semble) a dit qu'il lui ferait rendre son fils. Alors il avait fait déjeuner nos gars... Et son fils était revenu la semaine après... Il dit que c'est pour ça qu'il nous a reçus ce soir... mais qu'il est pas très chaud pour nous recevoir, parce que les fellagha, ils ont trouvé bizarre qu'on lui rende son fils et qu'ils lui ont fait dire que s'il était devenu un traître et un mouchard pour les Français, ils l'égorgeraient, et son fils aussi... Alors il aimerait mieux qu'on vienne pas trop ici... Mais il est content qu'on ait rendu son fils, et puis, avec l'orage, il pense que, les fellagha viendront pas ce soir... alors, il nous a reçus.
Quand Ben Ali finit de traduire, Omar, qui décidément devient causant, reprend la parole... Mais il est interrompu par l'entrée de deux énormes écuelles en bois, emplies de couscous, portées par deux femmes dans des robes de vieux satin de toutes les couleurs. Peisson regarde le couscous avec appétit — Geronimo et Kopf, les jeunes dames. Peisson regarde Geronimo et Kopf :
— Dites, vous deux, vous allez rester tranquilles... On est pas là, pour ça...
Autour de la table basse, nous essayons comme, nous pouvons de nous asseoir par terre sans mettre nos pieds dans le plat, ce qui n'est pas facile. Les femmes se sont retirées, les quatre Arabes restent, debout, et le jeune Ahmed s'est assis dans le coin le plus éloigné, boudeur.
— Demande-leur de venir bouffer avec nous, dit Peisson à l'interprète, qui traduit.
Nettement, l'atmosphère est changée depuis, l'incident : ils viennent s'asseoir à côté de nous. L'œil aigu et la moue hautaine d'Omar nous laissent cependant un sentiment de malaise.
— Il est peut-être pas communiste, on n'en sait rien, mais il doit pas non plus être blanc comme une colombe, hein ? glisse Kopf à l'oreille de Peisson.
Peisson n'est pas loin d'en penser autant. Et la manière dont Omar commande à ses frères de s'asseoir ou de se lever, à son fils de sortir, par des petits gestes autoritaires, n'est pas d'un bon rustaud. Il n'est plus silencieux — au contraire, il est volubile. Mais il reste difficile à déchiffrer.

Peisson profite de la chaleur naissante pour orienter la conversation :
— Alors, il doit être content de nos soldats... demande-lui ce qu'il en pense.
Ben Ali traduit.
De nouveau, Omar parle longuement.
— Résume ça un peu, sinon on n'en finira plus.
— Il dit que non. Parce que ça fait cinq fois qu'on le prend dans les ratissages, et qu'à chaque fois on le garde en taule pendant des jours sans lui poser de questions, et qu'on le relâche sans rien lui dire... Il dit qu'il en a assez... Il dit que la dernière fois, il est resté en taule trois jours sans bouffer... Il râle, quoi... Il a l'air d'un râleur, d'ailleurs... (moi, je le gobe pas celui-là... j'aime mieux les autres).
Kopf, apparemment mis en branle par une émotion forte, avale précipitamment l'énorme pelletée de couscous qu'il a dans la bouche, et remue les bras pour indiquer qu'il veut prendre la parole. Avec son accent alsacien magnifique, qui chaque fois nous ravit, il commence à parler, en faisant avec sa grosse figure sympathique des moues dignes de faire comprendre aux Arabes le français de Strasbourg :
— Tu peux lui dire à ton gars que s'il est pas foutu de rester trois jours sans bouffer, il est pas un homme... Moi, tel qu'il me voit, tu peux lui dire que je suis resté quinze jours sans bouffer — sauf un rat tous les deux jours — et en me gelant les couilles dans la neige, et que j'ai failli crever mais que j'en suis sorti... Et tu peux lui dire...
Kopf termine la description de ses souffrances, très impressionnantes, et Ben Ali traduit à l'auditoire arabe dont l'étonnement et l'admiration croissent visiblement avec le cours du récit... Je regarde le sergent Kopf, l'un des plus solides piliers du régiment, consciencieux, courageux, serviable, l'un des plus gentils avec les bougnoules. Et je l'imagine de nouveau, comme chaque fois avec étonnement, devant les portes glacées de Stalingrad, dans l'enfer du feu et de la faim, jeune requis de seize ans pris en Alsace par la Wehrmacht, gagnant bravement sa croix de fer sur son uniforme de S.S. — sacré Kopf !
— Et même que quelquefois, je montais la garde la nuit avec moins trente, et que j'avais rien bouffé de la journée, et qu'on tenait le coup quand même... demande-lui si ses copains communistes, ils en auraient fait autant.
— Puisqu'il te dit qu'il est pas communiste...
— Moi, je veux bien... Je tiens pas spécialement à ce qu'il soit communiste... Mais demande-lui s'ils en auraient fait autant !
Tout le monde rit.
Geronimo a disparu. Il est sorti avec l'un des frères, après lui avoir dit deux mots à l'oreille.
Canu, l'autre soldat, timide, sérieux, doux, profite pleinement, en silence, du couscous — il n'avait pas si bien mangé depuis longtemps. Ça lui rappelle sa petite ferme de montagne, dans les Pyrénées, et il pense tout seul à sa femme et à sa fille. Chaque fois qu'il voit un broc avec du lait, il pense à sa famille, il sort une photo de son blouson, et il devient triste...
La conversation se développe. Peisson découvre même que l'un des autres comprend aussi le français, et ne le parle pas si mal.
Geronimo revient : un petit garçon, en chemise, sur les bras. L'Arabe qui l'accompagnait pour aller chercher le môme regarde Omar, un peu craintivement, comme cherchant à se faire pardonner. Mais Omar est plus détendu : si Geronimo avait envie de voir un gosse — pourquoi pas ?
Geronimo adore les gosses. Souvent, il faut aller le prendre par le bras dans la rue du village ; il resterait accroupi une demi-heure à faire des grimaces drôles aux petits Arabes, qui ont peur de lui, et qu'il voudrait séduire... Pour la première fois, je le vois sans mitraillette. Il l'a laissée dans le coin. Il n'y pense plus. Sa belle tête brune est creusée par les ombres que sculptent les deux bougies qui éclairent la pièce : un jeune héros français de la pacification, comme on les voit sur les affiches. Omar le regarde avec un sourire, plutôt bienveillant.
A travers le chaos de malentendus, de souvenirs, de deuils, de rancœurs, de crimes, de méfiance, dans la chaleur de cette petite chambre en terre battue, un contact s'est établi. Et la cuisse douloureuse d'Ahmed, et la vision horrible du corps de Marcus, et l'accident de Geronimo, et Palestro avec Stalingrad, la vanité de la politique, la valeur des êtres — tant de sentiments se mêlent dans cet instant étrange... Emotion vaine sans doute, sûrement sans avenir, mais dont la réalité immédiate balaye toute analyse. Les Arabes sont devenus des hommes — et les soldats sont devenus des hommes...
Peisson ne perd pas de vue les choses sérieuses. Il est près de minuit, il va être temps de dormir. C'est la partie délicate de l'affaire.
Coucher dehors, comme l'a recommandé le colonel dans son dernier conseil de prudence, il ne peut en être question : la montagne est un torrent. Il faudra donc coucher dans la mechta. Omar a dit qu'avec l'orage, les fellagha ne viendraient pas. Mais Omar est peut-être l'un des leurs. Et l'orage s'est arrêté.
Prendre des précautions réglementaires serait la sagesse : deux hommes de garde, en permanence, l'arme à la main. Mais Omar et ses frères, devenus très amicaux et apparemment sincères, ont déjà dit qu'ils nous invitaient tous à dormir là, dans la chambre, avec eux, et qu'ils nous garderaient. Refuser, c'est défaire ce qui a été fait, les froisser, les blesser profondément, recréer d'un coup le mur d'hostilité que nous avons trouvé en arrivant. Accepter ?...
Peisson fait le point : les Arabes en tout cas ne sont pas armés dans cette pièce. S'ils veulent chercher des armes, ou faire rentrer des fellagha, il faudra que l'un d'eux sorte par la seule porte de la chambre. Peisson n'aura qu'à se placer de manière à mettre ses jambes en travers.
— Chef, on va dormir ? T'en fais pas, je garde... Tous dormir tranquilles... T'es chez moi, dit Omar.
Chacun s'installe. Il reste peu de place par terre : Omar place sa natte sur le buffet et s'étend dessus. Nous mettons en batterie nos sacs de couchage, et nous enlevons nos chaussures...

Omar est installé. Il ne dort pas encore. Il regarde cette pièce, ce spectacle inhabituel. Il attend pour souffler sur sa bougie que tout le monde ait terminé ses préparatifs de nuit.
Du djebel Kerrouch à l'oued Ahmar, dans vingt mechtas de la montagne, nos hommes sans doute rentrent, à cette heure, dans leurs sacs, avec le sentiment confus, profond, d'être au cœur même de cette guerre insolite, étroitement mêlés à d'autres hommes qui sont des adversaires, ou des amis, sans qu'il soit possible de les distinguer. Il faut faire sur soi-même un difficile effort pour accepter une disposition d'esprit assez confiante et s'ouvrir au sommeil. Cette lutte, silencieuse à l'intérieur de chacun, c'est peut-être la vrai bataille d'Algérie...
Omar jette un dernier coup d'œil. Il a repris son visage impénétrable... Il voit les deux pieds de l'adjudant-chef qui dépassent vers la porte, et la barrent. Son regard monte vers la tête de Peisson, et rencontre celui du sous-officier... Les pieds de Peisson glissent vers le haut, il plie les genoux pour laisser la porte libre... Omar regarde la porte, l'ombre d'un petit sourire passe aux coins de ses lèvres. Il souffle la bougie. Et Peisson étend ses pieds, pour barrer la porte.
— Bonsoir, Omar... Bonne nuit...
— Ah... Ch-ou-ia...
En nous voyant entrer, descendus de notre montagne pour être au rendez-vous, Espanieul poussa un grand cri de satisfaction : chaque fois qu'il m'apercevait en compagnie de Geronimo, il trouvait le couple très pittoresque. Il n'était pas le seul... Néanmoins, Geronimo était le meilleur garde du corps pour les expéditions délicates.
Après une ou deux plaisanteries, un peu usées, sur les accouplements hybrides nés de cette guerre, Espanieul reprit, plus sérieux :
— Alors, vous avez vu Omar Saïd ?...
— Oui... Ce n'est pas un rigolo...
— Ça, on m'a déjà dit... Mais il a de la ressource, le gars... Et si on pouvait le dégeler un peu, ça aurait de l'influence dans la région.
— Peut-être. Mais alors il aurait mieux valu ne pas commencer par le mettre en taule deux fois par mois, le faire crever de faim,, charcuter son fils, et autres bonnes habitudes du genre...
— On lui a rendu son fils... Ça c'est du passé ; maintenant il voit bien qu'on fait un effort...
Paroles. Nous avions encore à l'esprit, Espanieul et moi, une conversation récente, assez dramatique, avec un général pas comme les autres, commandant la zone opérationnelle où nous avions été envoyés en mission spéciale. L'homme était vigoureux, courageux, obsédé par le précédent indochinois. Pour nous éduquer, il nous avait emmenés ce jour-là chez un voisin, un colonel commandant une autre zone d'opérations. Il voulait nous montrer quelque chose.
Le colonel était dans un endroit particulier : l'une de ces vitrines où l'on promène les délégations parlementaires qui viennent « enquêter » sur la situation en Algérie.
Entre autres dans la vitrine : la carte des villages ralliés « préparée spécialement pour les services du ministre ». A côté, la vraie — qu'on range dans le tiroir... Le schéma de l'immense propriété agricole de 20 000 hectares, annoncée comme distribuée aux musulmans, « le développement de la réforme agraire ». Et dont pas un pouce n'avait encore été donné à un seul musulman. Etc.
Le général :
— On nous fait faire de la propagande. Je veux bien. Si ça aide pour poursuivre une politique... Mais quelle politique ? Là, il n'y a plus personne. Et on laisse l'armée s'enfoncer dans le marais, devenir une super-police, ce qui nous dégoûte... Ça finira mal, croyez-moi. »

Depuis les derniers entretiens à l'Etat-Major et au Gouvernement Général il était clair que l'action de nos Commandos Noirs n'aurait finalement aucun soutien officiel. Mais cela n'avait été que la fin d'une illusion : les vraies difficultés se trouvaient ailleurs, et commençaient.
Nous avions réussi à provoquer le « dégel » recherché dans la population arabe que nous ne cessions de pénétrer, presque de pétrir, par ces petites équipes nomades vivant avec elle. Mais ce succès lui-même, comme il était prévisible, n'avait pas laissé indifférents les rebelles : il leur était insupportable. Ils devaient réagir ; sinon perdre la maîtrise politique de la région. Après une période où le nombre des attentats et des exactions (pistes détruites, bâtiments brûlés, plantations saccagées, etc.) avait diminué régulièrement, nous avions décelé à des symptômes classiques la mise en place d'un nouvel appareil rebelle destiné à « reprendre en main » la population locale, contre-attaquer. Les attentats avaient, lentement d'abord, recommencé.
Une embuscade bien montée, audacieuse, à moins d'un kilomètre du P.C. de l'un de nos bataillons, avait eu pour effet de redonner du prestige aux fellagha, et d'ébranler aussi, chez nos hommes, la conviction, encore si fragile, que le contact quotidien, inlassable, en profondeur, sans méfiance, avec les Arabes, était la manière la plus efficace de lutter, sans doute la seule.
Dans l'embuscade, un sous-lieutenant et un sergent étaient tombés, grièvement blessés tous les

deux. L'officier était nouveau parmi nous, peu connu : sa disparition n'avait guère laissé de trace. Mais le sergent, c'était Brique — l'une des vedettes du régiment.
Détesté par les uns, séduisant pour la plupart, réputé contre bagarreur, à la mitraillette ou aux poings nus, Brique, en tombant, avec provoqué une émotion. Chacun connaissait sa moustache ; sa manière de dire quelquefois des mots latins, incompréhensibles, pour suggérer la profondeur de sa réflexion ; son pouvoir sur la fille du plombier du village : c'était quelqu'un. Il laissait un vide. Et dans ce trou, de nouveau, le vertige de la méfiance.
D'autant plus saisissant que Brique l'avait répété sur tous les tons : « Ces Commandos Noirs, ça nous fait passer pour des cons — un point, c'est tout. Pendant qu'on vient leur faire risette, les bougnoules nous préparent de sales coups par derrière. Moins on est méfiant, plus on prendra sur la gueule... C'est moi qui vous le dis, vous verrez... »
Il était 6 heures de l'après-midi. Le soleil rouge et sombre, comme du fer en fusion, des soirs de l'hiver algérien emplissait la petite pièce du P.C. où Jouve était l'officier de garde. Ses cheveux blonds touffus, son visage clair paraissaient plus éclatants encore aux côtés de l'Ange noir, devenu son homme d'escorte, et qui ne le quittait plus. Ils se sentaient bien l'un avec l'autre. Jouve, président de l'Association d'anciens combattants de sa petite ville, près de Toulouse, et notable national d'un grand parti, avait l'habitude de manier les hommes ; il savait où il fallait caresser Geronimo — qui lui apportait, en retour, une admiration affectueuse que Jouve appréciait.
— On les aura ! mon vieux Geronimo... on les aura...
L'Ange noir prit dans sa poche un autre de ses éternels caramels et se remit à mastiquer.
— Sûr... mon capitaine, mais quand ?
— T'en fais pas... Ça prendra le temps qu'il faudra. Mais ils n'en sortiront pas. Je l'ai dit à Paris, ils sont d'accord avec moi : des enfantillages comme ces Commandos Noirs et autres affaires de ce genre, ça n'a rien à foutre ici... Finalement, ça ne sert qu'à encourager les salopards. Et ça dégoûte les bons Français d'ici, qui ne demandent qu'une chose, c'est qu'on vienne les protéger contre les assassins — pas qu'on joue aux plus malins qu'eux en allant faire des courbettes aux bougnoules : ils les connaissent mieux que nous... Faut être faux-jeton comme Julienne pour jouer à ce jeu-là... Le colonel n'y voit que du feu : il aime bien Juju parce qu'il le trouve rigolo (je ne vois pas en quoi, d'ailleurs). Mais on finira par lui ouvrir les yeux.
Geronimo, sombre, était heureux. Il tenait des deux mains, agréablement, sa mitraillette, propre, toujours sur son ventre. Derrière un tel homme, il se sentait mobilisé pour une juste cause.
Dans la salle de garde entra le sergent Baral, dit Lapin, le copain de Geronimo qui s'était proposé pour faire partie, avec lui, du groupe d'escorte de Jouve. Baral, au garde-à-vous, présenta ses respects au capitaine.
Jouve, rêvant toujours devant son créneau, dit sans se retrouver :
— Alors, Lapin, rien de neuf ?
— Mon capitaine, je reviens du village. D'après ce que je comprends, les salopards ont encore dézingué un gars cet après-midi...
Jouve fixa le sergent brusquement :
— Comment ?... Et pourquoi ne nous a-t-on pas prévenus ?
— Je sais pas trop... D'abord, ça n'épate plus grand monde apparemment... Ils prennent ça dans la foulée... Et puis je crois que les territoriaux sont en froid avec nous : toutes ces histoires de Commandos Noirs, ça leur plaît pas. D'après ce que j'ai entendu, ils ont fait demander à Alger qu'on nous remplace ici par une autre unité. Du coup, ils ne laissent pas les gendarmes nous prévenir quand il y a un nouveau macab : ils préfèrent s'en occuper eux-mêmes, qu'ils disent...
Jouve s'était donné pour mission de « dégeler » la colonie française, de lui redonner le sentiment que c'était bien son armée qui était là.
Voici qu'une première occasion — il avait pris son commandement depuis trois jours — s'en présentait.
Il appela rapidement la gendarmerie. Un attentat contre le jeune boulanger, français, du village avait effectivement eu lieu vers 3 heures de l'après-midi. Ce jeune homme — qui avait pris courageusement la succession de son père parti, à bout de nerfs, vers une retraite en France — avait été massacré à bout portant. Trois balles dans la tête. On n'avait découvert le cadavre que deux heures plus tard. L'endroit était assez éloigné du village. La population était déjà dans une grande effervescence, et l'hostilité à l'égard du bataillon redoublait : encore une preuve que ces messieurs — nous — s'occupaient plus de s'acoquiner avec les bougnoules que de protéger les innocents ; ce pour quoi, cependant, ils sont payés...
Jouve annonça aussitôt aux gendarmes qu'il y allait. Avec deux de ses groupes d'intervention.
Il convoqua l'adjudant Leroy : sa mission était, avec cinq hommes, de remonter vers le lieu-dit « le Grand Olivier » — où l'attentat s'était produit — par le sud de la route ; lui Jouve, avec Baral et Geronimo, viendrait par le nord. Il était 6 h 30 ; il restait une heure avant la nuit ; se dépêcher, ouvrir l'œil, et montrer à la population inquiète que désormais la chasse aux assassins ne serait plus du bidon... Leroy avait compris. Baral aussi.
La technique est simple, Jouve n'avait pas besoin de l'inventer : elle est classique. Pour rassurer la population, après un attentat fellagha particulièrement odieux et injuste, il faut si possible du cadavre. Et dans une proportion convenable. Dans le cas présent il y avait, en quelque sorte, du retard à rattraper. Depuis qu'Espanieul et Julienne avaient lancé leurs expériences de contact avec les Arabes, ils s'étaient en effet opposés — chaque fois au moins qu'ils le pouvaient — à la « chasse aux bougnoules » après les attentats. Ils exigeaient même une enquête sur chaque plainte d'un Arabe rapportant qu'il avait été la cible d'une patrouille. Au point qu'Espanieul était ouverte-

ment traité de « colonel fellagha »...
Jouve remit tout cela dans les normes, avec le sentiment de faire son devoir, de redonner à ses compatriotes le moral et le courage nécessaires à la poursuite de leur tâche en Algérie, d'intimider les rebelles par la vigueur de ses réactions, et de montrer à ces populations — « qui ne respectent que la force » — qu'elles étaient de nouveau dans des mains solides.
Au tableau, à l'heure dite, près du Grand Olivier, quatre « fuyards » abattus du côté de la patrouille Leroy, deux autres par l'escorte de Jouve. Dans les formes réglementaires : un bougnoule marche dans un champ, la patrouille s'approche et crie quelque chose (c'est la « sommation ») ; s'il prend peur et se met à courir, on ouvre le feu.. « abattu au cours d'une tentative de fuite ». L'important est de bien tirer. Sinon le gibier, raté, peut essayer ensuite d'aller se plaindre quelque part et donner sa version à lui de l'affaire.
Cette fois, pas de difficulté : le feu n'avait été ouvert qu'à bon escient. Six salopards au tableau, bonne mesure. Jouve dépêcha Leroy avec sa jeep pour en informer les territoriaux avant que l'effervescence du village ne risque de tourner à la colère, ou même à l'émeute. Cette nouvelle les calmerait. Ils comprendraient que les choses avaient changé.
Jouve, conscient d'assumer correctement ses fonctions de responsable de l'ordre, terminait bien sa journée. Il donna une grande tape dans le dos large de l'Ange noir :
— Hein ! Je ne suis pas comme Juju, moi... je les bute.
Espanieul avait dépensé la nuit entière à essayer de se calmer — sans vraiment y parvenir.
Il avait fixé le rendez-vous — impératif — à 9 heures du matin dans sa propre chambre de la ferme où son état-major était installé, manifestant ainsi la hiérarchie qu'il entendait faire respecter.
Etaient convoquées les quatre principales personnalités du village de Sidi-Kateb, chef-lieu sud du secteur. Le maire, très connu pour ses relations à Alger. L'adjoint au maire, qui s'était fait une réputation plutôt libérale — par rapport à l'autre tout au moins. Le chef des territoriaux, M. Bejard, un ancien combattant assez mou mais, en gros, bien intentionné. Et l'illustre M. Maroni, l'un des « grands » producteurs de vin de la Mitidja.
Espanieul n'était pas diplomate. Plus exactement, il avait jugé, une fois pour toutes dans son existence, que l'habileté suprême consistait, avec les gens habitués aux nuances et aux sous-entendus, à être de la dernière brutalité. Il pratiquait cette technique, qui était devenue sa nature, uniformément avec les femmes ou avec les ministres, sans d'ailleurs s'apercevoir qu'elle ne réussissait que dans une minorité de cas : il enregistrait seulement ceux-là, oubliait les autres.
Il ouvrit donc le feu, sans préavis.
— Messieurs, ce que j'ai à vous dire sera très court, et je ne pense pas que j'aurai besoin d'insister ni d'y revenir. Vous avez vos relations à Alger, et vous comptez sur elles pour briser les reins des gens qui ne vous plaisent pas — aussi pour vous couvrir dans vos règlements de compte clandestins... Jusqu'à présent, je n'en doute pas, vous avez toujours gagné... Seulement voilà : moi aussi, j'ai des relations ; moi aussi, j'ai des appuis ; et figurez-vous même que je suis informé sur vos petites combinaisons... Alors, je vous mets en garde : ne tentez pas l'épreuve de force — je ne suis pas sûr que, cette fois, vous en sortiriez vainqueurs...
Les visages des quatre invités marquaient l'attention, mais apparemment peu de trouble. Le ton d'Espanieul n'était pas une surprise : ils connaissaient le bonhomme et, après une ou deux tentatives pour « s'entendre », s'étaient mis à le détester cordialement. Non. Ce qui les intriguait davantage, c'était le but plus particulier de la conversation en cours. Sûrement, le colonel avait quelque chose de précis en tête : de quoi exactement avait-il été « informé » ?
« ... Je sais donc depuis hier soir — de source très sûre, croyez-moi — que vos amis de la police, à la préfecture d'Alger, vous ont donné le « feu vert » pour liquider le capitaine Julienne... ici présent. Je sais, par la même source, que vous avez une pratique très soignée de ce genre de travail. Ce serait de l'ouvrage bien fait : je n'en doute pas — les fusils de chasse et la chevrotine ne sont pas maniés *seulement* par les fellagha... Alors, écoutez-moi bien : je n'aurai pas avec vous une discussion politique. Là-dessus vous êtes très au clair : « L'Algérie française », j'y crois plus que vous ; seulement, je ne crois pas qu'on puisse la sauver avec vos méthodes... Nous nous en sommes expliqué. Si je vous ai convaincus, tant mieux. Sinon, tant pis : on sauvera l'Algérie malgré vous, ça sera un peu plus difficile, on y arrivera quand même... Non, ce que je voulais vous dire aujourd'hui sera plus simple à comprendre. Aucune ambiguïté : s'il arrive la moindre chose au capitaine Julienne, que vous prenez pour un communiste — c'est plus commode, hein ? — et que je considère comme un officier faisant honneur à l'Armée française...
Espanieul s'arrêta un instant, sortit son colt de l'étui de cuir — souvenir de l'armée américaine —, le posa sur la table de cuisine qui lui servait de bureau, et pointa son index sur chacun de ses hôtes, l'un après l'autre :
« *Vous* — *vous* — *vous* — et *vous*, je vous descendrai moi-même — vous m'entendez ?... Et attention ! Je ne perdrai pas une journée, ni une demi-journée, à faire une enquête : je vous rends *responsables*, vous m'avez compris, personnellement responsables de tout ce qui peut lui arriver... A vous de vous arranger pour qu'il ne lui arrive rien... »
Silence.
Le maire, serrant son poing droit dans sa main gauche, regardant Espanieul avec vigueur, était rouge-violet. L'adjoint et Béjard, de moindre importance, ne se sentaient pas en première ligne, et observaient leurs pieds. M. Maroni dominait aisément la situation. Les deux mains sur le bec de sa canne, laissant reposer sa tête en arrière contre le mur que touchait sa chaise, les paupières à demi baissées, il embrassait la pauvre pièce carrée et le colonel, tout ce théâtre, dans le même

regard de supérieure indifférence. Ce n'était pas à sa hauteur...
Depuis plus de vingt ans, depuis la mort de son père dont il avait pris la suite sur ce vaste domaine de « Karmeur », beaucoup agrandi encore depuis la dernière guerre, il voyait, lui, Maroni, passer des hommes gesticulants, venus de la métropole, résolus à tout changer en Algérie, naïfs ou sommaires, inconscients du rapport réel des forces en présence — finalement insignifiants. A peine se rappelait-il leurs noms : capitaines, préfets, gouverneurs, généraux, inspecteurs de l'administration, ministres, prêtres (ceux-là les plus dangereux), toute une brochette de gens réputés importants, qui étaient passés sur l'Algérie sans y laisser vraiment de traces...
Et voici qu'un petit colonel prend son rôle au sérieux, veut flanquer son pistolet dans les fausses fenêtres et les rideaux de carton... Trop tard ! Ce ne sont plus des décors, mon bon ami, c'est du solide, et vous y briserez votre pistolet, et votre tête avec, si vous insistez... Aujourd'hui, les Maroni n'ont plus seulement pour tenir leur Algérie quelques milliards et deux ou trois journaux — ils ont le pouvoir, le vrai, celui de Paris. Et transporté à domicile.. Ils ont le parlement français, le gouvernement français, le budget français, et l'armée de la Nation... Ça ne suffit pas ? J'oubliais le bouquet, bien sûr : la sauvagerie des fellagha, pièce essentielle, qui visse tout le système sur lui-même — le couvercle de la marmite... Elle explosera ? Peut-être. Mais dans combien de temps ? Ça peut tenir. Et surtout, il faudra autre chose qu'un petit colonel commandant un petit secteur..
L'œil glacé de Maroni restait fixé, ouvert seulement à demi, sur Espanieul — dans le silence.
Le commandant des territoriaux, gêné comme tout le monde, prit sur lui d'essayer de dire quelque chose.
— Mon colonel, il me semble que vous vous croyez un peu avec des sergents de garnison... Cette manière de parler...
— Je vous en prie, Béjard !... Il n'y a pas un mot à ajouter... Vous n'imaginez pas que nous allons accepter de discuter avec ce monsieur...
Et M. Maroni, ayant indiqué son sentiment, se leva. Les trois autres se levèrent. Tous ensemble, ils disparurent.

Le développement de l'expérience des Commandos Noirs — comme les autres tentatives de cette nature —, étant devenu insupportable à l'ordre établi, le sabotage, non pas volontaire ni même conscient, un sabotage naturel, automatique, avait commencé.
Galland et Espanieul étaient un peu difficiles à attaquer de front les premiers — Galland surtout. La mécanique avait donc cherché à le séduire, à l'absorber. On l'invitait à Alger, on lui faisait des confidences, on le mettait en valeur. L'un des plus importants généraux de l'armée d'Algérie avait convié, par exemple, le colonel Galland à un petit dîner intime, avec seulement deux autres camarades, également influents. Ils avaient offert à Galland de se lier avec le syndicat, brillant et clandestin, constitué de chefs résolus, et qui avait pour objectif final de se débarrasser, le jour venu, des pauvres guignols civils qui s'agitaient au Gouvernement Général pour installer un pouvoir militaire capable de garder solidement l'Algérie. Galland avait fait semblant de ne pas comprendre...
Espanieul, par son apparence, n'effrayait guère les puissants : on le jugeait généralement léger et prêt à se lancer dans n'importe quelle direction pourvu qu'on sache le prendre. C'était une erreur, et qui le servait toujours : elle lui donnait l'avantage sur l'adversaire. Il avait ainsi évité d'être une cible, autre que purement locale. On se ménageait de le retourner quand il le faudrait.
Pour liquider les Commandos Noirs, la mécanique avait donc essentiellement commencé son travail sur Julienne et, subsidiairement, sur moi.

Un matin, dans son courrier officiel, Espanieul reçut la petite fiche colorée, fameuse dans l'armée, qui indique, toujours laconique, qu'un officier est « fiché » par la Sécurité Militaire, la S.M. Jamais d'explication, seulement la fiche. Qui veut dire : suspect, à écarter des missions de confiance et des responsabilités importantes. Cette fois, il s'agissait de Julienne.
Espanieul connaissait Julienne depuis près de quinze ans. Estimant qu'il n'y avait pas d'homme plus loyal, plus solide, plus humain, il se confiait à lui comme à aucun autre. Sauf Galland, c'était le seul dont Espanieul fût prêt à jurer comme de lui-même. Il lui avait donc confié la responsabilité des Commandos Noirs.
Julienne — fiché à la S.M. ?
Espanieul s'était lancé à l'assaut de la Sécurité Militaire ; une impossible entreprise. Mais ses innombrables efforts n'avaient pas été entièrement perdus. Galland avait reçu — on commençait à se méfier d'Espanieul — une lettre personnelle du chef d'Etat-Major du ministre expliquant que le lieutenant-colonel d'Espanieul serait bien avisé de ne pas insister « le capitaine Julienne devant être considéré, sur la foi de renseignements précis, comme un *extrémiste dangereux* ». Dans le langage de la S.M. : un agent communiste.

Espanieul, aidé alors par Galland qui n'en revenait pas de tant de stupidité, réussit à remonter la filière.
Il s'agissait d'un incident récent. Au cours d'une grève décidée en commun, dans un chantier sous contrôle militaire, par les ouvriers indigènes et européens, la direction du chantier avait décidé le renvoi de tous les grévistes. Le délégué syndical européen avait alors entrepris une négociation avec la direction pour que, sous certaines conditions, seuls les ouvriers musulmans soient licenciés. Ce qui avait été fait. Mais pas avant que Julienne, qui était dans le secteur, ne fût intervenu avec une extrême brutalité, pour dire à la fois aux responsables du chantier et au délégué syndical qu'ils étaient « les derniers des salauds, des saboteurs de l'Algérie, des lâches, etc. »
Le syndicaliste, d'autant plus exaspéré qu'il avait bien conscience d'avoir vendu des copains, résolut de se venger en envoyant à Paris un « rapport » sur Julienne le dénonçant, en gros, comme un agent clandestin du parti communiste. Exactement ce dont se nourrissent, sans difficultés, la Sécurité Militaire, des chefs d'Etats-Majors, et des ministres.
D'où, au courrier d'Espanieul, la petite fiche colorée, mystérieuse, sans appel.

Mon rendez-vous à moi était chez le coiffeur du village.
Les boutiques de coiffeur dans les petits bleds sont des lieux favoris pour les attentats terroristes. Ils sont déconseillés à la troupe. Quand il nous arrivait d'y aller, un de nos hommes restait en sentinelle devant l'entrée. Le coiffeur lui-même, d'autre part très aimable, n'aimait guère avoir de clients militaires, cibles préférées des attentats. La petite rue sur laquelle donnait la boutique était étroite, assez sombre. En face, un café arabe.
Il y eut donc une brusque émotion quand, au bout d'un quart d'heure environ, le rideau de grosses perles de bois enfilées et pendantes, qui servait de porte, fut écarté avec fracas. Un homme fit irruption, tête baissée, dans la pièce.
Ce n'était pas un terroriste, mais un soldat. Je me souviendrai longtemps de son allure.
Grand et large, enflé encore dans toutes ses dimensions par une tenue bariolée de parachutiste, évidemment culottée par un long usage, il avait un visage régulier, frappant dès le premier regard. Nu-tête, ses cheveux blonds en désordre, l'œil étincelant, il fonça courbé en avant, une bouteille de bière à la main.
Voyant l'uniforme, le coiffeur était tranquillisé. A tort.
L'homme s'approcha de moi, et me fixa d'une manière étrange – plusieurs secondes.
– On vient de me dire que c'était vous J.J.S.S...
Et, posant sa bouteille sur le lavabo, penché en avant un peu plus encore, il ajouta, en détachant ses mots avec fierté :
« C'est moi qui suis venu pour vous tuer. »
Il continuait de me fixer, comme hypnotisé par sa découverte, et stimulé par la rencontre.
Je le regardai plus attentivement. Je n'avais jamais encore vu ce visage parmi nos hommes. Il devait être nouveau au régiment.
Mais si le visage m'était inconnu, sa présence et sa confession n'étaient pas inattendues.
Depuis les informations qui avaient été fournies, de source sûre, à Espanieul, et la pénible entrevue avec les principaux « activistes » de Sidi-Kateb, nous avions cherché à savoir un peu mieux jusqu'où s'étendait les réseau qui se donnait pour mission patriotique de liquider un certain nombre de gens, parmi lesquels, maintenant, le capitaine Julienne (cet « extrémiste dangereux ») et moi-même.
Ces recherches n'avaient pas été aisées. Espanieul s'était marqué par son énergique intervention : ce n'est pas à lui que des informateurs parleraient librement. A Alger, l'homme qui avait alerté Espanieul était surveillé par la police et ne pouvait plus se permettre de reprendre un contact qui le désignerait lui-même au réseau. A l'intérieur du régiment étaient encore les meilleures sources possibles : les liaisons étaient évidemment étroites entre les activistes civils de la région et ces volontaires « nationaux » qui, dans l'armée, sont les agents sincères de la même volonté politique.
Espanieul les connaissait mal. Henry un peu mieux : s'il n'approuvait pas leurs méthodes, il partageait leurs idées. C'est lui qui avait cherché à s'informer. Il en avait retiré d'abord l'impression que c'était de Paris que la coordination se faisait. Cela nous fut confirmé par d'autres renseignements obtenus à Alger : un courant régulier entre la métropole et l'Algérie amenait des agents de liaison qui maintenaient le contact entre les groupes contre-terroristes civils et des cellules dans l'armée.
Henry avait recueilli aussi une autre impression. Il estimait que les « patrons », n'ayant pas mis suffisamment tôt à exécution, dans notre unité, tel projet délicat (par exemple : se débarrasser de Julienne), ne comptaient plus sur leurs premiers correspondants, craignant, à juste titre, que la familiarité inévitable, la camaraderie de combat ne les aient rendus moins « sûrs ». On s'attendait donc à ce que d'éventuels exécuteurs arrivent un jour ou l'autre parmi les nouvelles recrues.

Ainsi je n'étais pas entièrement surpris – bien qu'un peu ému.
Le jeune parachutiste restait planté là, me regardant toujours.
Son ivresse assez évidente et sa confession maladroite, sa manière de me fixer, indiquaient qu'il serait pour quelques heures presque sûrement inoffensif. De plus, il n'avait pas, à cet instant-là, d'arme sur lui.
Si je laissais passer l'occasion, la situation ne serait pas bonne. Cet homme se reprendrait vite, bien entendu. Aucune preuve contre lui. Protégé, soutenu par ses quelques camarades, il aurait tout le loisir de préparer ses projets. Il fallait donc exploiter son émotion actuelle qui le rendait vulnérable, ouvert. Comment ? La méthode est naturelle, je n'avais guère à l'imaginer.

Ma jeep attendait dehors, avec son chauffeur resté en faction. Je demandai au chauffeur sa mitraillette. Je la tendis au parachutiste... Je le fis alors monter, armé, derrière moi dans la jeep, et ne le regardai plus de tout le trajet sur la piste de montagne, vers nos cantonnements.
Je pensais, en roulant avec plutôt un peu moins d'appréhension cette fois, à l'autre jeune « patriote », dont la mitraillette, un soir de nuit d'été, était restée longuement tendue dans mon dos — à l'Ange noir. Puis à quelques autres images , le long de ces longues semaines.
En arrivant, je me retournai.
Le jeune parachutiste blond était plié dans son coin, mou, défait. Sa mitraillette était tombée, inutile, et comme recroquevillée, sur le plancher de la voiture... J'entendais encore la comparaison féroce, pénétrante jusqu'à la racine, de l'adjudant Gambert : « Le gars qui n'a pas pu tirer, c'est fini : il y reviendra pas... C'est comme quand ça arrive avec une femme. »
Il fallait encore saisir le hasard qui avait permis de découvrir l'un des modestes exécutants pour essayer de mieux connaître ce qui était derrière lui. J'amenai le parachutiste dans le bureau du commandant Henry.
Je résumai à Henry la scène dans la boutique du coiffeur. Pour le reste : il voyait l'état du jeune homme, décoiffé, les yeux rougis — qui se présenta, cependant, dans une sorte de garde-à-vous :
— Caporal Joliette, mon commandant...
Henry était assis derrière le bureau en fer. Grand, blond et méprisant, il portait son blouson à col de fourrure qui ajoutait à son allure de hobereau. Il regarda le tueur avec un air souverain, et s'adressa à lui d'une voix glacée :
— Qu'est-ce que tu fais dans cet uniforme ?... Tous les hommes que j'ai connus dans cette tenue étaient des soldats !... Tu n'as pas le droit de les déshonorer en t'habillant comme eux... Avant tout, tu vas quitter cette tenue — tu m'as compris ?...
Joliette blémit. Son œil reprit un certain éclat. Par réflexe, il baissa la tête pour parcourir son large pantalon, sa veste camouflée — cette tenue, en effet, de tant de héros des batailles d'Indochine et, déjà, d'Algérie.
Il serra les mâchoires et fixa Henry d'un long regard douloureux. Il ne dit pas un mot.
— Tu m'as compris — oui ou non ?...
L'homme parla alors très bas, en tremblant un peu.
— Mon commandant, cette tenue... c'est la mienne...
Et, redressant son front sur lequel tombaient de tristes mèches :
« J'étais à Diên Biên Phu. »
Henry se leva d'un bond. Il était aussi rouge que si un coup de cravache lui avait cinglé la figure. Saint-Cyr, son père le général, l'Histoire de France, l'Honneur de l'Armée, comme dressés en lui, il cria :
— Tu mens !...
Puis, reprenant un peu de calme, avec une rage maîtrisée, toujours debout :
« Tu n'étais pas à Diên Biên Phu ! »
Joliette, à son tour, avait reçu comme une déflagration dans le corps. Serrant son garde-à-vous, relevant les mèches de son front, regardant Henry dans les yeux, le nez frémissant, les vapeurs d'alcool dissipées — il était beau. Ce qui avait été sa fierté, prostituée maintenant, dans tant de faiblesse et de pauvres aventures, par les haines des autres qu'il avait servies, et par leurs intérêts — tout ce qui avait été son courage ou ses rêves, et qui avait, un jour, fait de lui un homme, rentrait dans son corps, et dans ses yeux : l'ivrogne était un jeune dieu blond... Il parla avec une émotion un peu solennelle.
— Mon commandant, dites-moi tout ce que vous voulez sur aujourd'hui, sur ma cuite, sur mes saloperies, dites-moi que je suis un salaud, punissez-moi si vous voulez, mais... PAS ÇA !... Touchez pas à ça. Vous n'avez pas le droit... Diên Biên Phu, j'y étais, personne ne peut m'enlever ça !
Et, plus bas encore, comme récitant des souvenirs sacrés :
« J'ai été volontaire pour sauter à « Isabelle » le 29 au matin... »
Henry, pénétré jusqu'au fond, était confronté avec bien autre chose que l'exactitude sur les états de service de Joliette, autre chose même que la vérité, et qui touchait au cœur de sa vie : la nature du courage. Pour Henry le Saint-Cyrien, l'essentiel des hommes, de leurs vertus et de leurs raisons d'être s'exprimait dans le courage militaire. Ce courage était fondamental : sa vision de l'univers était fondée sur lui. Cet homme en face de nous, déchu, ne pouvait pas avoir été l'un des héros du point fortifié à Diên Biên Phu — que restait-il, sinon, de solide au monde ?... Blond comme Joliette, grand comme lui, et presque aussi jeune, il le regardait comme un fantôme de lui-même sorti du temps des illusions, du temps des problèmes clairs et des guerres justes.
— Ecoute-moi... si jamais c'était vrai, si par malheur ce que tu dis était vrai, et que tu aies sauté avec les nôtres à Diên Biên Phu — *tu devrais être mort*... Tu n'as pas le droit de vivre — tu m'entends ? — pour te déshonorer et salir nos camarades...
Reprenant durement sa respiration, Joliette s'adressa à Henry non plus sur le ton d'un caporal à un commandant, mais tout droit, d'un homme à un autre :
— Vous pensez ce que vous dites ?... Et, dans un cri brûlant : « C'est pas possible !... »
— Je le pense, oui... Et je n'ai rien d'autre à te dire. Disparais d'ici... que je ne te revoie jamais plus !
Joliette se retourna et sortit, les épaules voûtées, les yeux baissés, misérable de nouveau.
Dans le bureau d'à côté, celui de l'adjudant-chef Peisson, il s'effondra sur une chaise, sans un mot.
Peisson tenait les dossiers du régiment. A travers la mince cloison qui le séparait de la pièce où Henry et Joliette s'étaient affrontés, il entendait tout. Il avait cherché et retrouvé les papiers du jeune caporal. Les textes, qu'il sortit et qu'il nous

montra, des trois citations de Joliette ne laissaient aucun doute : le héros était authentique.
Ce qu'Henry avait préféré ne pas regarder, les questions qu'il n'avait pas posées, nous allions ensuite, par Joliette et l'un de ses camarades, en connaître les détails.
Nous connûmes ainsi la filière de cette « traite des héros » qui, depuis quelques mois déjà, s'organisait sur une base systématique et se développait rapidement.
Quelques personnalités exilées des associations qui, en Tunisie et au Maroc, voulaient assurer à leur manière la « présence » française avaient constitué, avec leurs amis politiques à Paris, un groupe d'action. Entre ces hommes, résolus, épris de revanche, et leurs alliés naturels en Algérie — dans l'administration, la police, les affaires et la presse — des liens de sympathie s'étaient établis, puis une volonté de travail en commun.
Ils avaient décidé, ce qui est habile, de recruter leurs hommes de main autant que possible parmi les soldats glorieux qui, rejetés dans la vie civile, soit par les règlements ordinaires de l'armée, soit en raison de leurs blessures, soit — la majorité des cas — à la suite de sanctions disciplinaires, flottaient comme des épaves. Une fois recrutés, le syndicat les entretenait ; il leur redonnait le sens d'une « mission », les regonflait, leur fournissait une raison neuve de se lancer dans la bagarre, et habillait les nécessités du « travail » requis dans le beau manteau du patriotisme.
Avec uniforme et décorations, ils étaient alors utilisés, les uns — les plus ordinaires — dans le travail classique des manifestations « nationales » à Paris ; d'autres — les plus doués — pour la formation et l'encadrement de milices patriotiques et d'organisations de jeunesse ; un grand nombre enfin — les plus courageux — étaient destinés par leurs maîtres à liquider les hommes qui, dans la politique, la presse, l'armée, risquaient de gêner le déroulement normal de cette épreuve totale, décisive pour le pays, qu'était devenue la guerre d'Algérie. Ces jeunes hommes, reflets d'un ancien courage, asservis par de grands intérêts, à l'abri au milieu de cette guerre, qui tournait elle aussi au service de leurs maîtres, apprenaient là-bas leur métier groupés autour des vétérans : les assassins de Lemaigre-Dubreuil et Ferhat Hached, et de quelques autres...

Le petit déjeuner matinal au mess était toujours un moment de charme avant les préoccupations de la journée.
La réalité entra avec le lieutenant Martin.
Le lieutenant Martin était le contraire du rêve.
— Salut, les enfants ! Vous ne refuserez pas une tasse de café à un vieux soldat, hein ?... dit-il en soulevant une chaise avec deux doigts et en venant se placer à côté de nous.
Martin était assez rarement des nôtres. Commandant un bataillon dans un secteur voisin, il venait seulement, de temps en temps, s'informer sur nos difficultés et nous faire part des siennes. A la surface de son corps immense, toujours la jovialité et l'entrain — mais, à l'intérieur, la guerre d'Algérie avait pénétré. Martin avait beaucoup changé. Son assurance du mois d'août, sa tranquille certitude d'avoir fait le tour du problème (« Les fellagha, c'est les Viets » — « Le complot est à Moscou ») n'avaient pas résisté, semblait-il, aux expériences quotidiennes : la découverte du vide impressionnant dans lequel l'armée se débattait, l'absence douloureuse d'une perspective qui donnerait un sens à l'action. La détérioration inévitable du moral et du comportement de nos hommes... Et ce que nous avions appris de l'activité de Martin, nous avait vivement frappés. Henry surtout, qui le connaissait depuis longtemps. Il n'attendit pas pour s'en informer.
— Alors, Martin, ces contacts avec le F.L.N., qu'est-ce que ça a donné ?...
Martin, ayant débouclé son ceinturon et déposé son pistolet sur la table du mess, se découpa un morceau de notre pain de campagne.
— Je m'étais dit : on s'en sort pas — mais eux non plus, c'est sûr. On a nos emmerdements et ça tourne pas rond ; mais chez eux aussi il y a de l'eau dans le gaz... Je m'étais renseigné sur le responsable des rebelles dans mon secteur : il est déjà débordé par des tas de gars sous ses ordres qui font les marioles, qui bousillent et qui pillent à tour de bras, et qui commencent à charrier au point qu'il a même été obligé, pour garder son autorité, d'en liquider deux ou trois... En somme, d'après nos renseignements, plutôt un gars de la tendance la moins extrémiste. A part ça, c'est tout ce que je savais sur lui, sauf son nom : Ramdane — et même pas d'où il sortait ni s'il parlait français... Je me suis dit : on peut toujours voir et lui expliquer qu'il arrivera nulle part, puisqu'on sera toujours plus forts que lui et que, s'il était prêt à tenter loyalement une expérience dans la région, moi, de mon côté, je pourrais me charger de liquider les excités locaux qui font du contre-terrorisme à leur compte, de dégommer les maires et les territoriaux qui sont trop bouchés, et d'essayer, sans histoire, de changer quelque chose ici, en restant dans un cadre français... Pourquoi pas ?...
Ainsi, pendant que nous trouvions déjà osées nos

expériences de pénétration avec les Commandos Noirs, et que nous attirions sur nous la furie du système, il avait été, lui, jusqu'au bout du raisonnement et cherché le F.L.N. Avec une certaine admiration, nous le regardions engloutir un deuxième bol de café.
« Zéro, reprit Martin... J'ai bien vu le gars. Deux fois même. Mais c'est fini : rien à faire... On s'en est aperçu ensemble. Lui de son côté, et moi du mien, on s'est fait taper sur les doigts — et salement. Au même moment où je recevais l'ordre d'Alger, ultra-urgent, de couper tout contact, j'ai reçu aussi, par une voie bizarre, une lettre de lui, rédigée et calligraphiée très manifestement par un autre, sur papier à en - tête de « l'Armée de Libération Nationale — Etat-Major », et me signifiant, sur un ton de propagande, que nous ne pouvions plus nous rencontrer « sur la base non officielle de nos entrevues précédentes »... Non. Pas la peine d'essayer, ça ne peut rien donner... Alors, on a recommencé nos « opérations » — idiotes — et lui sa boucherie...
— Et comment est-il, ce Ramdane ?
— Ah ! assez curieux... Je ne m'attendais pas à un type comme ça... Il m'avait fait dire, par notre intermédiaire clandestin, de venir au rendez-vous — à vingt kilomètres environ de ma ferme, dans la montagne, au bord de la route — seul et sans arme... J'avais accepté, pour qu'il soit en confiance. Je suis parti à la tombée de la nuit dans une traction. Arrivé au point prévu, je suis descendu et j'ai attendu... Au bout de cinq minutes, deux types sont sortis des fourrés. L'un était très jeune, l'air plutôt abruti, costaud, la peau foncée. L'autre, aussi foncé, était mince, l'air intelligent, distingué même, avec deux galons de coton sur les épaulettes de son blouson : c'était Ramdane. L'un et l'autre en tenues de combat américaines, comme nous. Ramdane n'avait qu'une baguette entre les mains, un pistolet à sa ceinture. Son garde du corps : une mitraillette. Ils n'avaient pas cru que je viendrais vraiment sans arme. Ils se sont approchés, Ramdane s'est présenté. La conversation a commencé. Ramdane parlait français comme vous et moi : il m'a dit qu'il avait fait ses études à la faculté d'Alger jusqu'à ce qu'il prenne le maquis, l'année dernière. Ce qui m'a frappé dans son allure, c'était ses chaussures qui étaient cirées, impeccables — et ses mains, propres, les ongles faits comme s'il sortait de chez la manucure... Ça m'a laissé rêveur sur l'implantation des maquis... Enfin ! Tout ça, c'est fini. Allez ! un coup pour rien...
Martin avait, lui aussi, fait le tour de la guerre. Comme nous, il s'était cogné la tête contre les murs. il avait découvert, au bout de chaque trouée apparente, l'impasse inévitable qu'oppose finalement, aux voies imaginées pour l'action partielle, l'absence d'une orientation à la tête, d'une volonté coordonnée — c'est-à-dire politique — qui donnerait une chance aux efforts et, à la colossale aventure humaine engagée là-bas, une direction.
Galland se leva, frotta son unique main sur son blouson pour la réchauffer, et fit à son escorte un petit signe pour l'appeler au départ. Nous nous secouâmes aussi pour essayer de dissiper le froid intérieur. Galland se retourna vers Julienne :
— Peut-être ... Peut-être sommes-nous à la veille d'une de ces occasions où, comme vous le dites, la forme de la vie nationale est tout entière remise en question... Je l'ai senti de tout mon être une fois : en 40... Ce que j'éprouve aujourd'hui, Julienne, est un peu différent... Comme si ce que nous devions connaître bientôt n'était pas un nouveau 40, mais, d'une certaine manière, le moment déchirant où le défi qui fut lancé alors par un homme allait, près de vingt ans plus tard, recevoir la réponse du pays.

La guerre continuait, monotone. Les opérations et les bouclages succédaient aux patrouilles de nuit ; les attentats et les destructions suivaient leurs courbes habituelles. La relève par nos camarades, un peu plus jeunes, des classes du contingent avait commencé.
Nous n'avions plus que rarement l'occasion de mettre nos petites équipes commandos en nomadisation. Nos effectifs étaient ordinairement requis par ces grandes offensives, montées par des Etats-Majors, employant des escadrons de chars, une flotille d'hélicoptères, plusieurs batteries d'artillerie, la couverture aérienne de la chasse, et qui, exceptionnelles encore au début de notre séjour, devenaient l'habitude de la guerre. C'était dans l'ordre. Ce jour-là, nous étions dans le secteur Est. Trop loin de nos cantonnements pour que nous puissions les rejoindre avant le soir. Nous devions donc rentrer vers le P.C. du colonel Piau qui commandait l'Est. Chacun avait sa toile de tente pour la nuit.
La journée avait été pénible, ordinaire et pénible. J'étais avec Henry, responsable d'une partie du dispositif.
Henry avait demandé, ayant fait son temps, à être rapatrié en France : cette guerre était sans attrait. Mais sa requête avait été refusée : manque de cadres. Il continuait.
Au début de l'après-midi, à l'heure de la sieste — devenue l'heure propice des assauts par surprise — nous avions eu un « accrochage » avec un groupe de rebelles réfugiés dans une mechta.
A la fin du combat, sur le corps chaud et frémis-

sant d'un fellagha en train de mourir, l'un de nos hommes, dont le camarade le plus intime venait d'être tué, avait passé sa douleur et sa colère : arrachant à l'uniforme, pareil au nôtre, du rebelle les petits galons de laine rouge, il lui avait craché à la figure. Deux autre de ses camarades, heurtés par ce geste, l'avaient rapporté à Henry. Celui-ci, toujours élégant, avait rassemblé les éléments de la petite unité, remis lui-même au sous-lieutenant rebelle ses galons aux épaules et fait présenter aux deux cadavres réunis, le français et le musulman, les honneurs militaires.
Le retour fut, comme toujours, une marche interminable et le repos de l'esprit.
Il y avait, autour de nous, quelques vieilles connaissances et beaucoup de figures nouvelles. La relève nous avait apporté des jeunes recrues, quelques cadres aussi, à mesure que nos rappelés s'en allaient...
Nous arrivâmes au P.C. du régiment de dragons qui nous hébergeait. Nous avions tous une envie irrésistible de nous coucher par terre et de dormir. Mais les officiers, avec Henry, étaient convoqués chez le colonel Piau dans une petite baraque allumée où était installé son bureau.
Après huit heures dans les broussailles, ce bureau aux murs de bois nous parut, quand nous y entrâmes, un brillant salon. Des femmes. Pour une fois, des femmes. Pleines de couleurs dans leurs vêtements, avec des épaules de femmes, parlant avec des voix de femmes... Espanieul, dans un coin de la pièce, un verre à la main, faisait à l'une des jeunes femmes une cour distante et sans chaleur comme par habitude ou par politesse.
La petite réunion cependant avait du charme. Le passage de visiteurs de France n'était jamais, pour nous, un moment indifférent. Quels que fussent leurs visages, ils apportaient par leur présence, ils laissaient à chacun, l'évocation de choses lointaines et intimes, le reflet d'une certaine tendresse. Cette fois : des comédiens.
Notre hôte demanda le silence et, levant son verre, prit la parole d'un air convaincu — il devait aimer parler.
— Messieurs... nous sommes à peu près tous réunis — je pense que le capitaine Julienne et son détachement ne devraient pas tarder à rentrer — je vous propose de remercier, en notre nom et en celui de nos hommes, la troupe du pastis X... qui, si courtoisement, parcourt l'Algérie pour distraire un peu nos soldats. C'est une œuvre louable et nous lui en sommes reconnaissants... Et maintenant, je tiens à ajouter que lorsque nos invités de ce soir vont rentrer dans la Métropole, nous leur demandons d'être, auprès de nos compatriotes, nos ambassadeurs : qu'ils leur expliquent ce qui est fait ici, l'œuvre de notre pays et de son armée dans ce magnifique territoire, et qu'ils leur disent bien que nous n'accepterons jamais un abandon — que nous portons haut nos étendards et que nous montrons au monde que l'Algérie c'est la France... Messieurs, à nos invités !
Tout le monde passa à table, pour un rapide repas froid, avant la séance de music-hall qui devait nous être offerte dans le cinéma du village voisin.
Piau était du style classique, le plus répandu : pas d'histoires et honneur de l'armée — tout va bien
Espanieul, au début du repas, fit un visible effort, que j'observais avec compassion, pour se contenir. Mais il finit par exploser.
— Mon colonel, commença-t-il d'une voix froide, vous voudrez bien m'excuser, mais je ne vois pas pourquoi la présence de visiteurs de France nous obligerait à raconter des sornettes, au contraire... Et s'ils peuvent nous rendre un service, en rentrant là-bas, ce serait plutôt de dire la vérité : que les beaux messieurs qui nous dirigent, qu'ils soient en uniforme étoilé ou en complet veston, n'ont absolument rien compris et nous entraînent à des catastrophes... Que nos troupes font leur boulot comme elles le peuvent, mais que ce qu'on leur fait faire est idiot, et dégradant ; et que si ça ne change pas, l'armée finira elle aussi par se révolter. Comme vous le savez, ça commence déjà... Qu'ils le disent, quand ils vont retourner à Marseille, ça au moins ça nous rendrait service.
Piau, après quelques secondes de surprise, eut la réaction que nous connaissions par cœur — comme nous connaissions les arguments d'Espanieul.
Devant les gens du pastis, que tout cela intéressait modérément, et qui cherchaient sans succès à savoir s'il y aurait des véhicules pour les ramener à Alger dans la nuit ou s'ils devraient coucher ici, la discussion habituelle de toutes les popotes d'Algérie se déroula une fois de plus, avec beaucoup de passion sincère de chaque côté. Espanieul voulait révolutionner les méthodes de l'armée — Piau répondait que l'armée était irréprochable et menacée seulement par les timidités et les hésitations du pays... Le ton montait à l'extrême violence, mais ne traduisait pas de haine — les deux hommes étant confusément conscients de ce qu'ils avaient en commun et qui les reliait davantage que leurs divergences : le sentiment de leur impuissance.
Le spectacle commença. Il était ce qu'il pouvait être. Les chanteuse, les prestidigitateurs, les diseurs de bonnes histoires, les imitateurs, les équilibristes, avec qui nous avions dîné, venaient, chacun à son tour, faire leur numéro. Et chaque fois le petit tour de piste de la demoiselle de présentation, en tutu, provoquait une immense ovation...
Profitant d'un court entracte, j'allai me promener sur la place du village avec une assistante sociale qui était de passage, elle aussi, au P.C. du colonel Piau. J'étais curieux de son travail difficile — et de la marque oubliée d'une voix féminine dans l'air de la nuit.
Elle connaissait nos jeunes soldats d'une autre manière que moi. Ils lui parlaient plus librement — mieux. Et elle était le dépositaire de tant de confessions, d'inquiétudes, de troubles et de difficultés à surmonter, elle, tout à l'heure si mondaine, qu'elle incarnait, en me les racontant, toute le grâce d'être une femme.
Le théâtre avait repris, mais nous continuions notre promenade. La place, maintenant, était vide. De temps en temps seulement, une patrouille la traversait ; et quand elle s'éloignait, le

soir était semblable à tous les soirs de paix. De la salle de spectacle venait régulièrement une vague de bruit étouffé qui nous apportait les applaudissements et les rires — comme dans la rue principale d'une sous-préfecture du Midi.
D'une crête à l'autre, des signaux lumineux se répondaient. Les nôtres ? Ceux de l'adversaire ? Les bouclages et les embuscades de demain se préparaient ensemble ; comme nos morts d'aujourd'hui, et les leurs, reposaient côte à côte.
L'assistante sociale suggéra de rentrer dans la salle. Je n'avais toujours pas revu Julienne. Sur ces banquettes bourrées de monde, je cherchai à la lumière diffuse venant de la scène à retrouver sa grosse tête grise, que je n'apercevais pas.
Je cherchais trop près. Là-bas tout au bout, contre la scène, dans un coin et faisant face, dans l'ombre, à la salle, je reconnus sa large silhouette, sa manière de croiser les bras sur sa poitrine, et sa tête, un peu lourde, contre un mur.
Nous allâmes le rejoindre.
— Qu'est-ce que vous faites là ?
Julienne, taciturne ces dernières semaines, semblait souvent ne pas entendre ce qu'on lui disait. Il ne répondit qu'après un long moment, en indiquant avec son menton et ses yeux, d'un mouvement doux, toutes ces têtes, ces uniformes, ces jeunes garçons serrés les uns contre les autres, tendus vers le spectacle :
— Je les regarde...
La salle, secouée de plaisir (l'homme en scène imitait Maurice Chevalier), éclatait d'un rire immense qui résonnait contre les murs de bois. Tous ces visages, face à nous, reflétaient l'impression oubliée d'être heureux. Mauré, Lapin, Gambert, Bodard, Canu, l'Ange noir... étaient là, loin des difficultés de leur combat et des angoisses de leur condition — et les nouveaux étaient là, plus jeunes, qui avaient encore à découvrir ici, avec humilité, la patrie asservie et la bête qui est en eux... Dans ce rire sans fin qui les secouait, vibrant dans l'air autour de nous, nous retrouvions une joie de vivre et la passion d'espérer. La fraîcheur de cette jeunesse s'écoulait dans cette salle, tirée par le plaisir. Puisée jusqu'au fond d'eux-mêmes, au-delà de l'impuissance et des craintes de chaque jour, elle semblait traverser le mépris du monde organisé pour jeter vers l'avenir, plus fort que la servitude, plus profond que l'angoisse, plus permanent que la guerre, l'appel d'un autre destin, libre.
— Sûr, dit Julienne, ne parlant à personne, les bougnoules ne sont peut-être pas des hommes ; mais nous sommes tous des bougnoules...

1 LA RÉVOLTE

BEN BELLA : ALGERIEN, LE F.L.N EST TON FRONT

TOUSSAINT 1954 : PREMIERE TACHE ROUGE DANS LES GORGES DE PIGHANIMINE

MITTERRAND: L'ALGERIE C'EST LA FRANCE

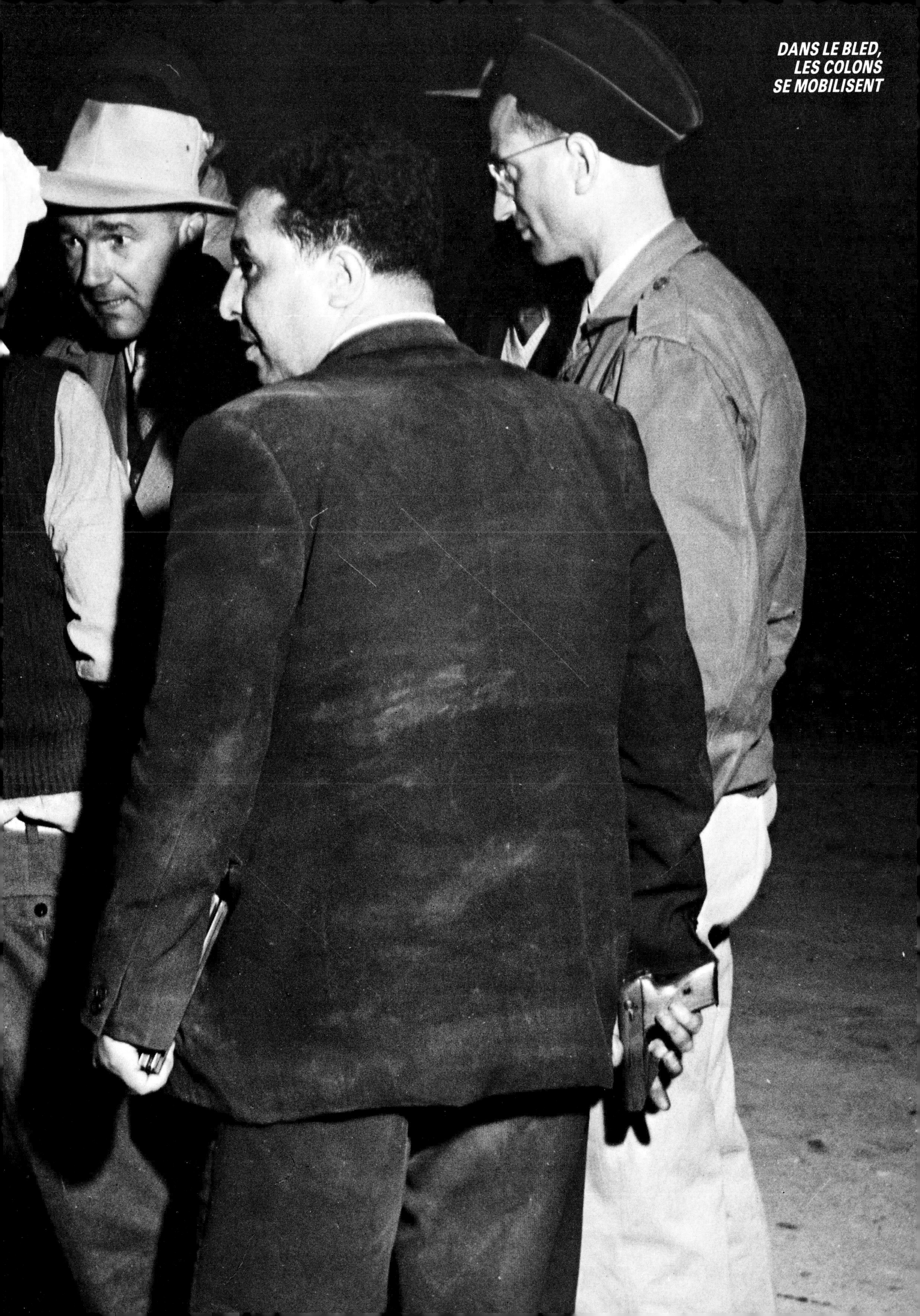

DANS LE BLED,
LES COLONS
SE MOBILISENT

**NI PLEURS
NI COURONNES POUR LES
FRANÇAIS MASSACRES**

LLINARES ANTOINE
LLOBELL VINCENT
LLORCA ROGER
LLORET VINCENT
LORCA ROGER
LORETTI MARIE
LOUFRANI LUCIEN
LOUNNAS SAID
LUCIANI MARCEL

GUY MOLLET :
LES TOMATES DU
6 FEVRIER

L'ADIEU DELIRANT A SOUSTELLE : « CE N'EST QU'UN AU REVOIR »...

ALGER S'EMBRASE DERRIERE SES MORTS

LACOSTE
OFFRE LES FUSILS
DU RALLIEMENT

13 MAI 1958 :
L'ALGERIE FRANÇAISE RENVERSE
LA REPUBLIQUE

LES PARAS :
SERVICE D'ORDRE ET
SALUT PUBLIC

SECTION DE

DE GAULLE
AU FORUM : « JE VOUS
AI COMPRIS »

« UNE SEULE FRANCE DE DUNKERQUE A TAMANRASSET »

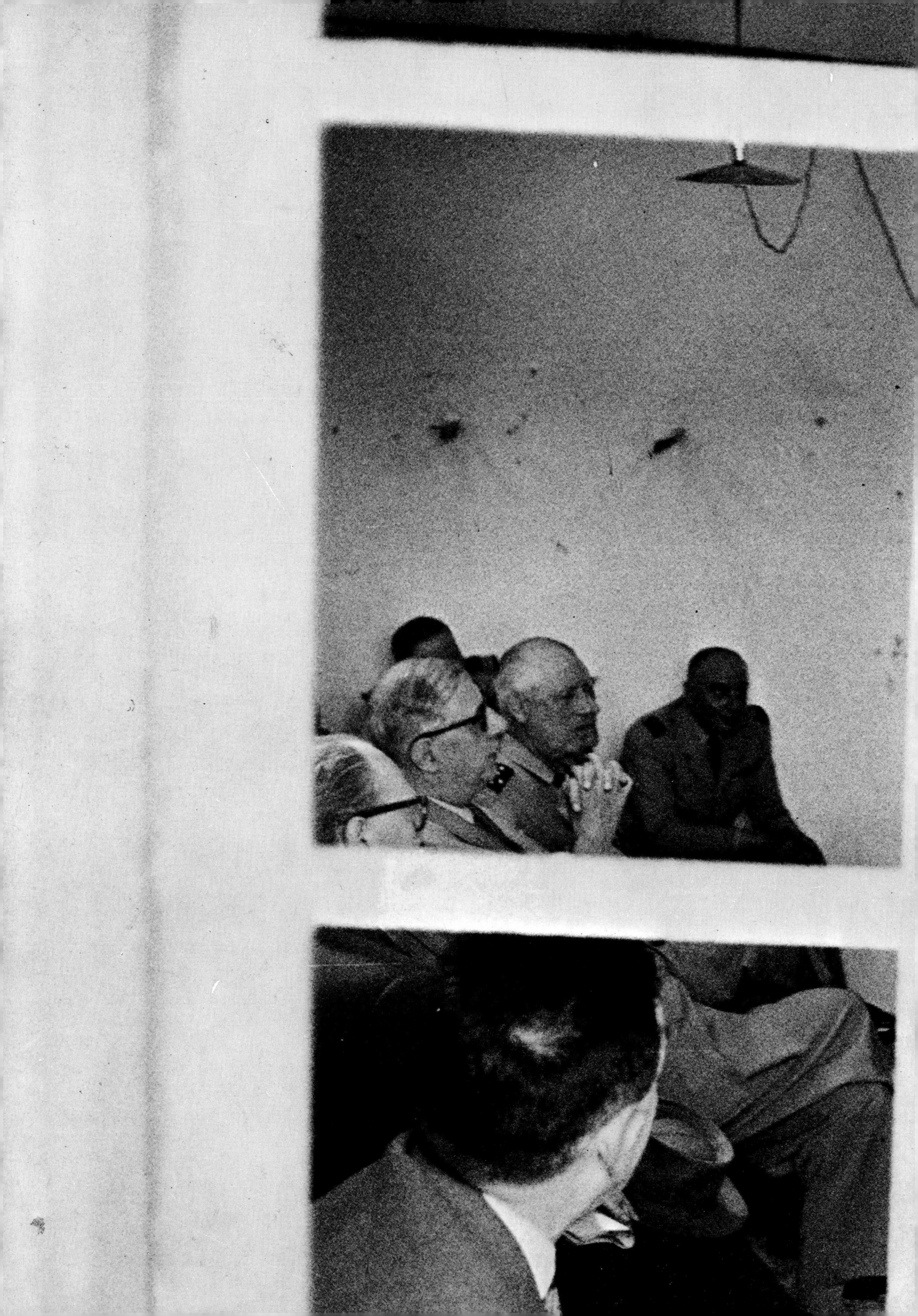

LA TOURNEE DES
POPOTES

1er novembre 1954 : la Toussaint sanglante. Trente attentats dans les Aurès : 7 morts tragiques... Entre Biskra et Arris, au Km 79, dans les Gorges de Tighanimine, un car poussif freine brusquement. Le chauffeur est dans le secret de l'embuscade. D'un barraquement de pierres surgissent plusieurs hommes. Le Fln entre dans l'Histoire. Il abat le caïd Hadj Sadok, notable fidèle à la France, et un couple d'instituteurs, Guy Monnerot et sa femme. Ce jour-là, le premier tract ronéotypé des rebelles est envoyé à la presse. Ben Bella : « Algérien, le Fln est ton front. Sa victoire sera ta victoire ».

François Mitterrand, ministre de l'Intérieur du gouvernement Mendès-France, venu garantir l'ordre dans les Aurès, se fait présenter les armes par un Goum, compagnie de supplétifs encadrés par des officiers de l'armée française. Cinq jours après la Toussaint rouge, il déclare à la R.t.f. : « L'Algérie c'est la France ». Trois mois plus tard, à la tribune de l'Assemblée nationale, il repoussera toute idée de séparation ou de partition entre l'Algérie et la métropole : « De cela, sans excès de langage, je le dis tranquillement, mais de toute la force de ma conscience et de ma conviction, il ne peut-être question (...) Nous serons toujours contre, absolument contre. Ceci est le dogme même de notre politique : l'Algérie c'est la France. (Journal Officiel du 4-2-1955, page 748.)

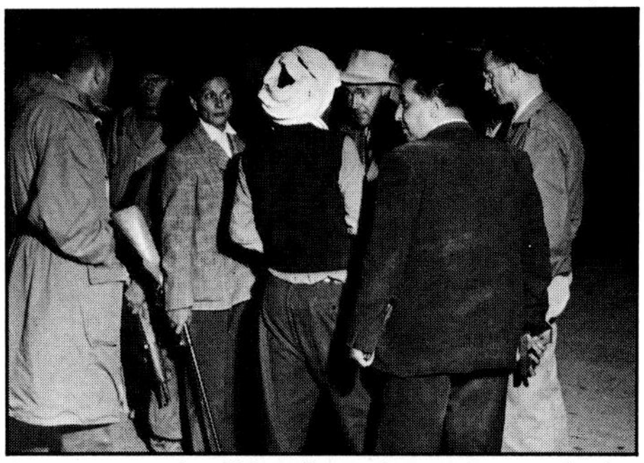

Au cœur de l'Aurès, dans le sud du département de Constantine, les terroristes créent des « ilôts de la peur » : téléphones coupés, routes et ponts sabotés, matériel agricole détruit. Immédiatement la population réagit. Femmes et hommes constituent des milices en attendant les renforts. A Foum-Toub, le docteur Odette Jorel rejoint les volontaires.

Le 20 août 1955, le Fln met au point l'insurrection généralisée de toute la région de Constantine, la Wilaya 2. Le mot d'ordre : « pas de pitié, pas de quartier ». A midi, sous une chaleur accablante, le carnage commence. Des heures durant, les rebelles vont rivaliser dans l'horreur : 171 Français massacrés. L'enterrement des victimes donne lieu à une explosion de colère de la population européenne. A Philippeville, M. de Angelys, détruit les gerbes offertes par le Résident général, tandis que le maire arrache les inscriptions des couronnes officielles.

Pour les Algérois, le 6 février 1956, l'arrivée de Guy Mollet, président du Conseil, est une provocation. Il a rappelé, à Paris, Jacques Soustelle, l'idole des Français d'Algérie. Une heure après son arrivée, le dépôt d'une gerbe au monument aux morts met le feu aux poudres. La cérémonie a lieu sous un bombardement de tomates et de mottes de terre. Puis, le chahut tourne à l'émeute. La foule scande : « C.r.s dans l'Aurès ».

Malgré lui, Jacques Soustelle, ministre résident, rentre à Paris. Tout Alger s'est massé sur le boulevard du Front de mer et autour de la gare maritime. 80 000 personnes veulent le retenir. Il doit grimper sur une auto-mitrailleuse pour se frayer un passage jusqu'au quai d'embarcation. Lorsque le bateau s'éloigne un chant monte derrière les grilles : « Ce n'est qu'un au revoir »... Un an plus tôt, on le recevait dans l'indifférence.

Avril 1957 : quand s'achève la première « bataille d'Alger » le Fln est décimé. C'est Yacef Saadi qui devient le nouveau patron d'une organisation à remonter. Il choisit le terrorisme total. Le 3 juin, trois bombes cachées dans les lampadaires explosent à proximité des arrêts de tram. Mais le 9 c'est l'hécatombe au casino de la Corniche. Une bombe explose dans la salle de bal : 10 morts, 103 blessés dont 30 seront amputés. Alger s'embrase derrière ses morts : « ratonnades », réglements de compte, combats de rue. Six morts de plus le mardi des obsèques.

Au lendemain du massacre de Melouza, le 8 juin 1957 qui a fait 302 victimes parmi la tribu des Beni Hémane, Robert Lacoste, se rend dans les montagnes du Constantinois. Le ministre résident remet des armes aux 2 000 montagnards loyalistes qui lui déclarent « Nous nous battrons contre les rebelles ».

13 mai 1958 : l'heure est au renouveau et à la fraternité. C'est l'unité Franco-musulmane. Chaque soir, à la sortie des bureaux, les gandouras se mêlent aux robes d'été pour monter vers le Forum. Alger est amoureux de ses paras. Au balcon du gouvernement général, Soustelle proclame : « Nos frères musulmans sont des Français à part entière ». Salan, appelant De Gaulle au pouvoir, prophétise : « Nous remonterons ensemble les Champs-Elysées couverts de fleurs ». Dans la joie, l'Algérie française renverse la IVe République.

Bérets verts, bérets rouges, casquettes Bigeard, les paras qui ont quittés le bled, sont partout. Pendant huit jours et huit nuits, Alger va vivre sur les nerfs. Le service d'ordre se transforme en service d'assistance médicale. Salut public au balcon et secours d'urgence dans la rue.

Le général De Gaulle entre le colonel Bonneval et Soustelle au balcon du Gouvernement général. Le 13 mai, un Comité de Salut Public s'est constitué à Alger. Paris délègue les pouvoirs civils aux généraux Salan et Massu. Le 15, Salan crie « Vive De Gaulle ». Quatre heures plus tard, celui-ci se déclare « prêt à assumer les pouvoirs de la République ». Le 4 juin, à peine investi par l'Assemblée, il est à Alger. Son message : « Je vous ai compris. Jamais plus qu'ici je n'ai compris combien c'est beau, combien c'est généreux la France ».

Après l'euphorie d'Alger, De Gaulle entreprend une grande tournée triomphale « à l'intérieur » : Bône, Oran, Constantine et, enfin, Mostaganem. Là, c'est un déchaînement d'allégresse. Emporté par l'enthousiasme, le général s'adresse avec chaleur à la foule musulmane : « C'est moi De Gaulle qui vous le dit. Venez à la France. Elle ne vous trahira pas ». Puis, gagné par l'ivresse des grandes fêtes tricolores, il s'exclame : « Vive l'Algérie française ».

Depuis que, le 14 octobre 1958, De Gaulle a ordonné aux militaires de sortir des Comités de Salut Public qu'ils animent, l'armée à la fièvre. Aussi décide-t-il de lui rendre visite, dans ses cantonnements, pour mesurer son émoi. C'est la fameuse « tournée des popotes » du 27 au 30 août 1959. Le malentendu est complet : Salan et les officiers « Algérie française » croient avoir convaincu De Gaulle. Mais celui-ci a réalisé que la politique minait davantage les Etats-majors que la troupe.

2 LA JEUNESSE

BATAILLE DE
CHAISES POUR UNE
CAUSE LOINTAINE

LE QUI-VIVE PERMANENT

LES
MOBILISÉS DE
LA PAIX

L'AVENTURE
DU TRANSALGERIEN

LES AVEUX DU
FELLAGHA

L'ESCADRON
BLANC DANS LES NEIGES
DE KABYLIE

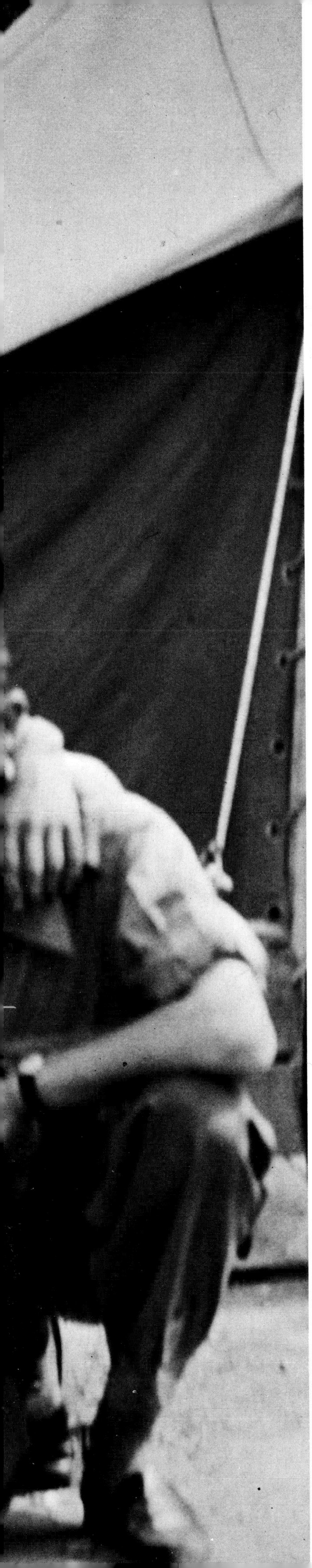

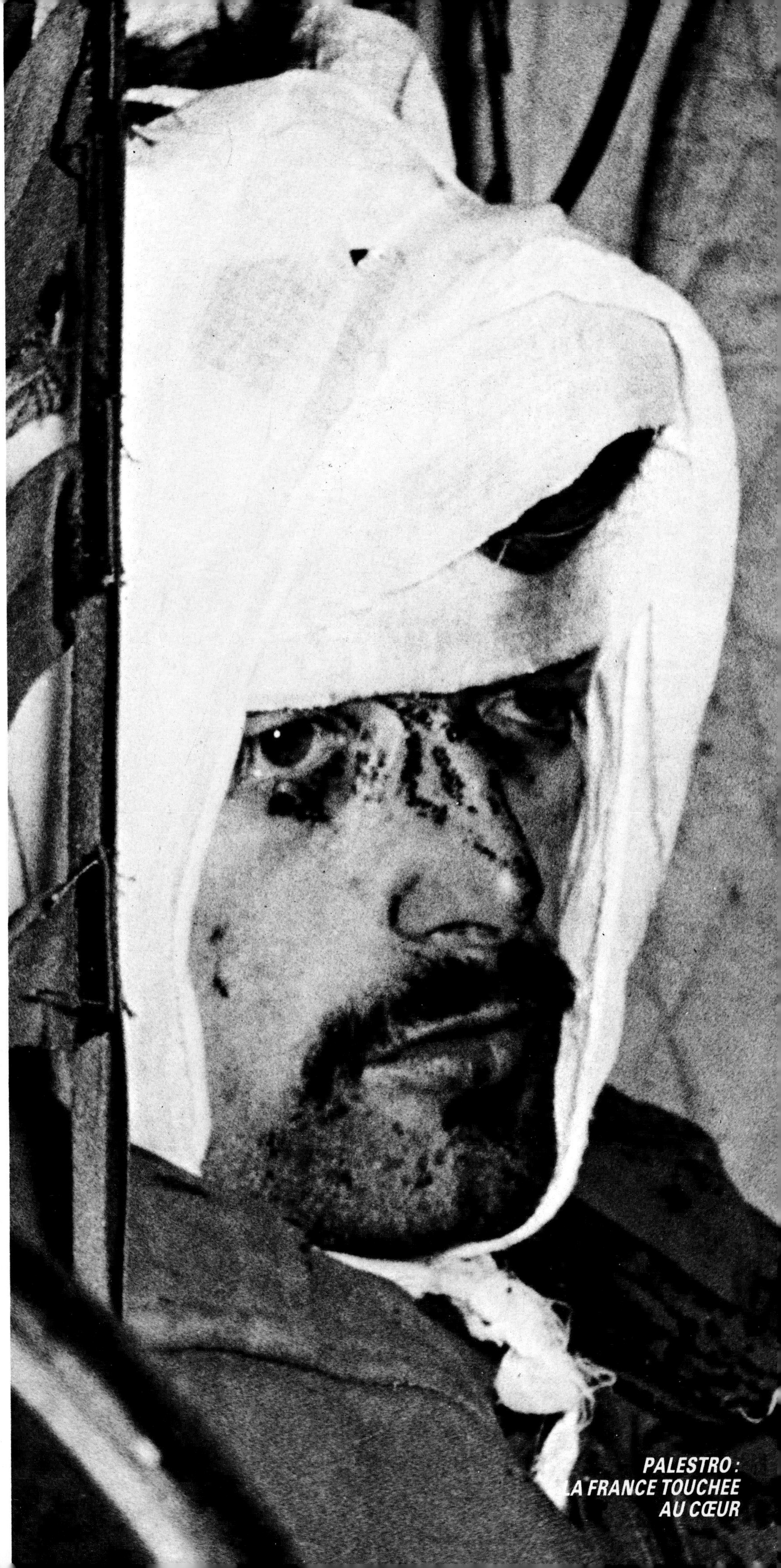

PALESTRO :
LA FRANCE TOUCHEE
AU CŒUR

LES
OTAGES DU
DJEBEL

4AB

DANS LE MAQUIS,
LES CAVALIERS SUPPLANTENT
LES BLINDES

« TRENTE-SIX CHANDELLES » POUR LE NOUVEL AN

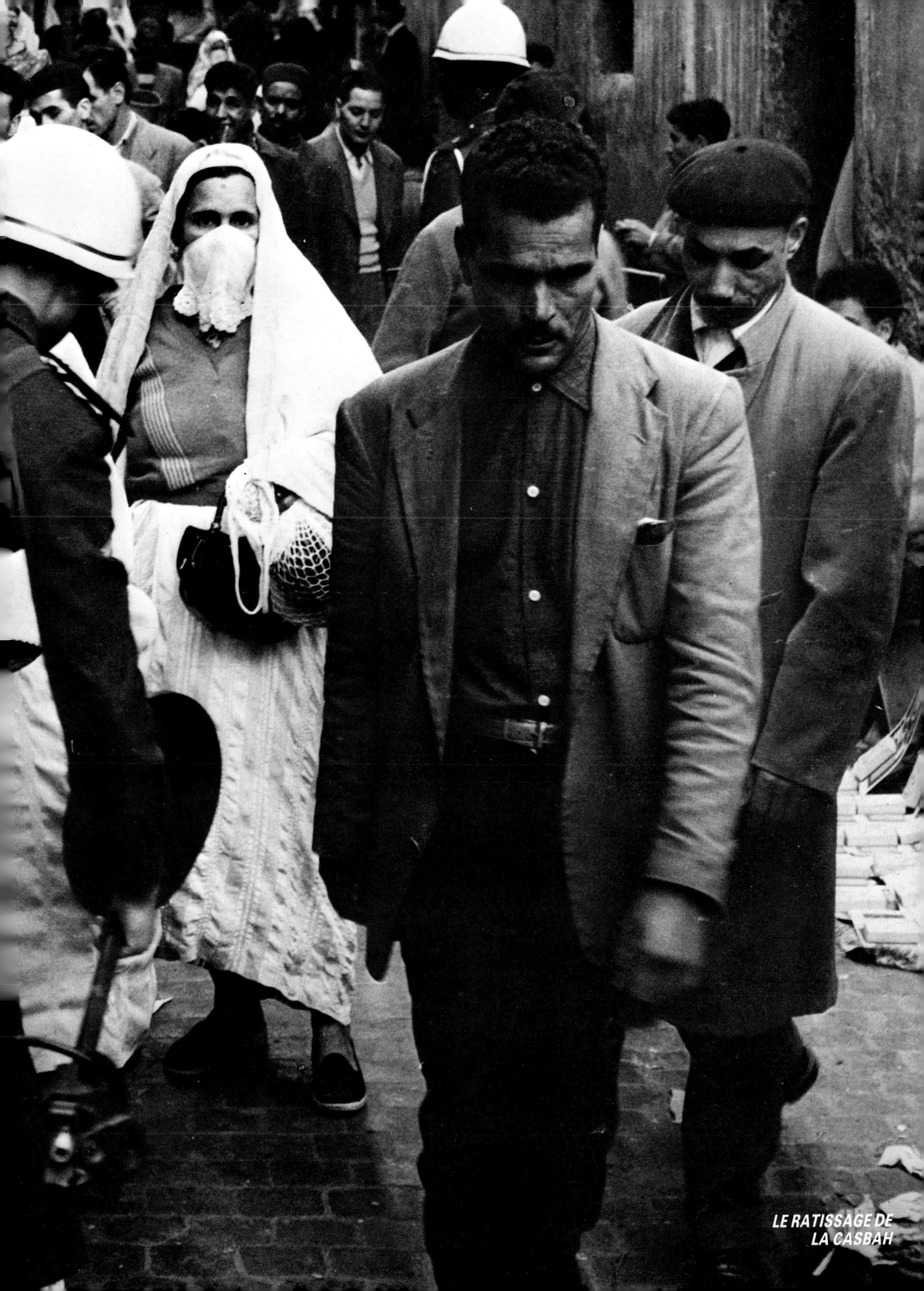

LE RATISSAGE DE
LA CASBAH

OPERATION RUELLES INTERDITES

Après les premiers incidents, le gouvernement annonce une série de mesures civiles : création de nouveaux départements, augmentation du nombre des admistrateurs, appel à des spécialistes des affaires indigènes... Mais, rapidement, ces décisions s'avèrent insuffisantes. La rébellion est une guerre. Dès 1956, 100 000 rappelés métropolitains embarquent à Marseille. Au total : 2 millions d'hommes serviront en Algérie, en huit ans.

Avril 1956 : au moment où les rappelés gagnent leurs camps d'instruction, une bataille oppose à la salle Wagram, partisans et adversaires de l'Algérie française. Un meeting organisé par des intellectuels de gauche « pour une solution pacifique » attire Me Biaggi et ses sympathisants, étudiants et anciens paras d'Indochine. C'est la bagarre. Bilan : 50 blessés, 400 chaises cassées.

En dehors des patrouilles, dans les cantonnements, partout s'est établie une vraie camaraderie entre les hommes et les officiers qui sont des rappelés comme eux. Tous ont laissé en France les même problèmes : famille, situation, projets d'avenir. La vie au poste s'organise peu à peu. Avec le courrier, les journaux, les cartes, le sport, les jours passent tant bien que mal. Mais en zone opérationnelle, la tension ne se relâche jamais. Les sentinelles veillent.

Des années durant, les jeunes Français vont se battre dans un conflit dont ils ne comprennent pas toujours le sens. Tout en surveillant les récoltes, ces « moissonneurs de la guerre » trouveront dans la pacification une signification à leur intervention.

Le thé à la menthe à l'ombre d'un bâtiment de ferme transformé en poste militaire. A Si-Ahmed Bel-Hadj, les villageois ont reçu les appelés métropolitains en messagers de la paix. Les soldats français croient à une fraternité possible.

Chaque jour, sur les 2 200 km du réseau Transalgérien, épine dorsale des communications en Afrique du Nord, reliant Rabat à Tunis, les soldats français gagnent la bataille du rail. Le réseau algérien est pourtant très vulnérable. Il est, en effet, à voie unique. L'armée, sentinelle de l'axe, tient les gares, contrôle les tunnels, décèle les sabotages. Malgré l'insécurité permanente et les attentats répétés, le trafic sera peu perturbé.

Cachée aux portes d'Alger à Rivet, une forteresse fellagha. En mai 1956, un garde-champêtre la découvre, par hasard, camouflée dans une mechta. Grâce à la rapidité de leur intervention, 400 appelés du 45e Bic, anéantissent le maquis rebelle. Lors du nettoyage, parmi les « marsouins », un seul sergent sera tué.

Soudain, derrière Oran, dans l'arrondissement d'Ain Temouchent, resté calme jusqu'ici, éclate la guerre des fermes. En deux nuits, 70 fermes sont incendiées. Dix-sept européens et six musulmans sont abattus. C'est le 2e zouave qui se lance à la poursuite des fellaghas. Après être tombé dans une première embuscade, il établit le contact, tue 17 rebelles et en capture 10, dont le chef, légèrement blessé au visage.

L'armée du silence : les fellaghas découvrent un adversaire qu'ils ignoraient jusqu'ici. Dans les neiges de Grande Kabylie, les chasseurs alpins de la 27e division bouleversent les données du combat. Les rebelles se croyaient maîtres sur leur terrain, ils se retrouvent à la merci d'un combattant mobile, évoluant sans bruit.

Ils avaient quitté Maisons-Laffitte le 2 mai 1956. Le 4, ils étaient à Alger. Le 5, en pleine zone de pacification à Beni-Amram. Le 18, ils tombaient sous les balles de rebelles surgis de la montagne. C'était une patrouille de 21 rappelés, commandée par le sous-lieutenant Artur, qui préparait l'agrégation de philosophie. Partis pour un douar qu'ils croyaient rassurer, ils sont massacrés dans une embuscade, à la hauteur des gorges de Palestro : 17 morts, quatre disparus, un seul survivant, Pierre Dumas retrouvé, hagard, quatre jours plus tard, par les paras de Massu.

Après avoir tenu avec seize de leurs camarades contre 140 rebelles et refusé quatre fois de se rendre, cinq soldats français sont faits prisonniers. Emmenés dans la montagne, l'un d'entre eux tente de s'enfuir, il est abattu d'une rafale de mitraillette. Pour les survivants, Jean Vialaron, tourneur, Henri Relea, fraiseur, Vincent Morales, maçon et Jean Jacob, cultivateur, l'interminable marche dans les bois continue. Leur chemin croise celui d'un reporter-allemand. Cette rencontre est un miracle. Elle leur assure la vie sauve.

L'Etat-major veut ratisser l'Algérie. Il ne doit plus y avoir de sanctuaire. On crée partout des commandos « tête chercheuse ». Dans le djebel, là où les véhicules à chenilles, eux-mêmes, ne passent pas, la guerre des maquis réhabilite le cheval.

La frontière à haute tension. Un barrage de 320 km coupe le Fln de ses bases en Tunisie. Du sable de la plage aux sables du désert, 40 000 guetteurs veillent. La ligne « Morice » est un réseau électrifié, au milieu duquel passe le courant. Tous les 15 km, un poste. Si la haie est coupée, une sonnerie se déclenche. On localise la coupure avec des voyants. Dans les trois premiers mois, 2 871 rebelles sont abattus.

Le général De Gaulle avait dit, six mois plus tôt, à Constantine : « D'ici cinq ans, toute la jeunesse algérienne ira à l'école. A Tizi-El-Had, inaccessible par la route, le record de vitesse est battu. Un hélicoptère a déposé une école : fenêtres bleues, poteaux rouges, cloisons jaunes, murs gris... En trois heures, elle est montée. Pour les enfants du bled, c'est la première classe.

Face aux fellaghas qui tiennent les maquis et les crêtes, la France joue la carte de l'intervention ponctuelle et rapide. En Algérie, l'hélicoptère ne se contente pas de déposer des troupes et de transporter des blessés. Il a aussi pour mission de diriger les tirs d'artillerie et permet de ramener les prisonniers au plus vite, vers les services de sécurité.

Jean Nohain tombé des nues... C'est la surprise de Paris pour le Nouvel An 1958 des soldats du Constantinois. Six d'entre eux, tirés au sort, ont vu leur mère, leur épouse, leur enfant débarquer du ciel, tandis que des milliers de leurs camarades recevaient une enveloppe contenant un billet de banque offert par les téléspectateurs. Le tout sur un air d'accordéon apporté par Jean Nohain, André Leclerc et les onze artistes de l'équipe de « 36 chandelles ».

26 mai 1956, 1 h du matin : 5 000 soldats et 1 500 policiers lancent, par surprise, une gigantesque opération de ratissage dans la vieille ville d'Alger, l'impénétrable Casbah. Ici, trois cités se superposent : celle des terrasses, celle des rues et celle des caves qui communiquent les unes avec les autres. Pour le Fln c'est un repaire inexpugnable. La fouille dure 18 heures. Trois arsenaux, des centaines d'armes, des salles de réunion clandestines, une imprimerie secrète sont découverts.

Mains sur la nuque, 4 480 suspects vont quitter la cité pirate. Les ruelles hostiles de « Pépé le Moko » sont purgées de tous les hommes arrêtés sans papier ou porteurs d'arme. Embarqués dans des camions et des cars, ils sont conduits au stade de Saint-Eugène. Après vérifications, 400 seront déférés à la justice.

3 LES PARAS

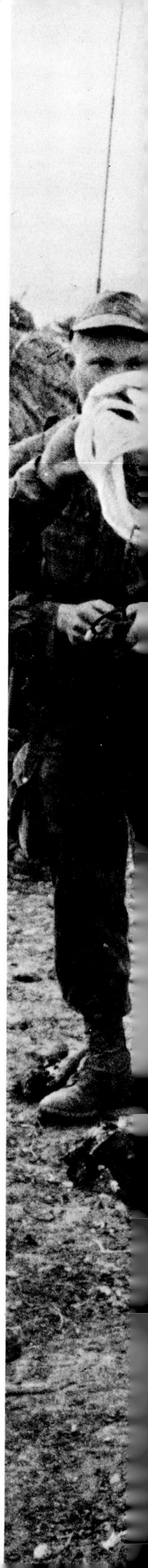

UN MYTHE : LE 3[e] R.P.C. DE BIGEARD

STRAP
FOR EMERGENCY
RESCUE

BATTERY
LOCATION
INSIDE

BERETS VERTS ET
MAITRES DU TERRAIN

PISTE
BRULANTE

DANS L'OMBRE
DES COMBATTANTS
DE L'OMBRE

Le gotha des officiers supérieurs de la 10e Division parachutiste, réunis à Hydra, sur les hauteurs d'Alger. De gauche à droite : le colonel Fosset François, adjoint du colonel Château-Jobert au 2e Rpc, le colonel Meyer, patron des parachutistes métropolitains (les bérets bleus), le colonel Bigeard, héros de Dien Bien Phu et patron du 3e Rpc, le général Massu, commandant la 10e Dp, le colonel Godard, directeur de la Sécurité civile et militaire, le colonel Brothier, le 1er Régiment Etranger de parachutiste (1er Rep) et son adjoint le colonel Jeanpierre, mort en opération héliportée, dans le djebel à Guelma

Le contre-rezzou des paras. Pour venger 12 techniciens des pétroles sahariens tués par les rebelles, Bigeard combine une manœuvre terre-air. Une patrouille de reconnaissance en jeep ayant repéré des traces de pas, la 3e compagnie héliportée découvre des indices qui se terminent dans les buissons. La 4e compagnie parachutiste est larguée sur les dunes d'Aïn Sefra. Bilan : 52 fellaghas tués, dont 20 déserteurs.

La 4e compagnie parachutiste du régiment Bigeard, ayant établi le contact, l'ordre d'attaque est donné. Les rebelles fortement armés et excellents tireurs se défendent avec acharnement sur un terrain qu'ils connaissent parfaitement. Chaque dune est une tragédie. A droite, en attendant les secours, un infirmier établit la fiche sanitaire d'un blessé. Neuf paras sont tués.

Pour les paras devenus chasseurs d'Afrique, une nouvelle arme : le « ventilateur ». C'est le nom familier donné aux hélicoptères Sikorski. Là où les fellaghas tiennent le maquis, ils permettent une très grande vitesse d'intervention. A peine repérés, les rebelles sont immédiatement traqués. Durant toute la guerre, les opérations héliportées supplanteront les largages de parachutistes.

Le héros de Dien Bien Phu est aussi celui des Aurès. Après la bravoure dans les rizières, il stimule l'héroïsme de ses hommes dans le djebel. Plus qu'une méthode de guerre, Bigeard impose un état d'esprit : « le 3e Rpc sera léger, félin, manœuvrier, souple comme le cuir, résistant comme l'acier. On vous regarde. A partir d'aujourd'hui, je veux que tous les hommes soient beaux ».

L'armée française avait établi un barrage électrique tout au long de la frontière algéro-tunisienne. Les forces de l'Aln, l'armée de libération algérienne le franchissent de nuit. Mais chaque trouée est instantanément repérée à 2 km près. Ici, à Sakiet, les bérets verts du 1er Rep du colonel Jeanpierre bouclent la zône, maîtrisent le terrain et interceptent la colonne infiltrée. Bilan : 167 rebelles tués, 11 prisonniers.

En Algérie, c'est le renseignement qui est le nerf de la guerre. Faire des prisonniers est un impératif. Leurs aveux permettent de mesurer les forces adverses, de pressentir les objectifs et d'anticiper sur les actions. Là encore, les paras coloniaux (bérets rouges) et ceux de la légion étrangère (bérets verts) sont le fer de lance de la contre-guerilla.

Le 21 juillet 1959, 20 000 hommes sont partis à l'assaut des djebels de Kabylie où sont retranchés 5 000 rebelles. L'opération « jumelles », dirigée par le général Challe, est la plus importante depuis le début de la guerre. La Kabylie, percée de grottes et de vallées, est une région escarpée propice aux embuscades. Certains sommets culminent à 2 000 m.

Dans le désert rocailleux du djebel Tsament, les hommes du 6e Rpia déposés par hélicoptère, attaquent un piton. Chaque rocher cache un rebelle. Sous la canicule, les paras nettoient le terrain et font des prisonniers. Ils ignorent encore la portée de leur victoire : parmi les tués, il y a Amirouche, le « colonel-terreur ».

Le commando suicide. Tous ses membres, malgré leur accoutrement, sont des Français. Ils appartiennent au 8e Rpc. Sous la conduite du sergent-chef Sobansky (2e debout à gauche) et du caporal-chef Roger Holeindre (2e debout à droite), ils ont pour mission de s'infiltrer dans les lignes ennemies. Des opérations extrêmement hardies et périlleuses. Mais payantes.

4 LES FELLAGHAS

LE PIEGE
DERRIERE UN
CERCUEIL

L'ARMEE
DES « HORS-LA-LOI »

3T
RUE
PROFESSE

LES RAFLES
COMMENCENT

LA CAPTURE EN
PLEIN CIEL

A L'ABRI
DES FRONTIERES
TUNISIENNES

LE DISSIDENT
CONDAMNE

L'EPURATION
PERMANENTE

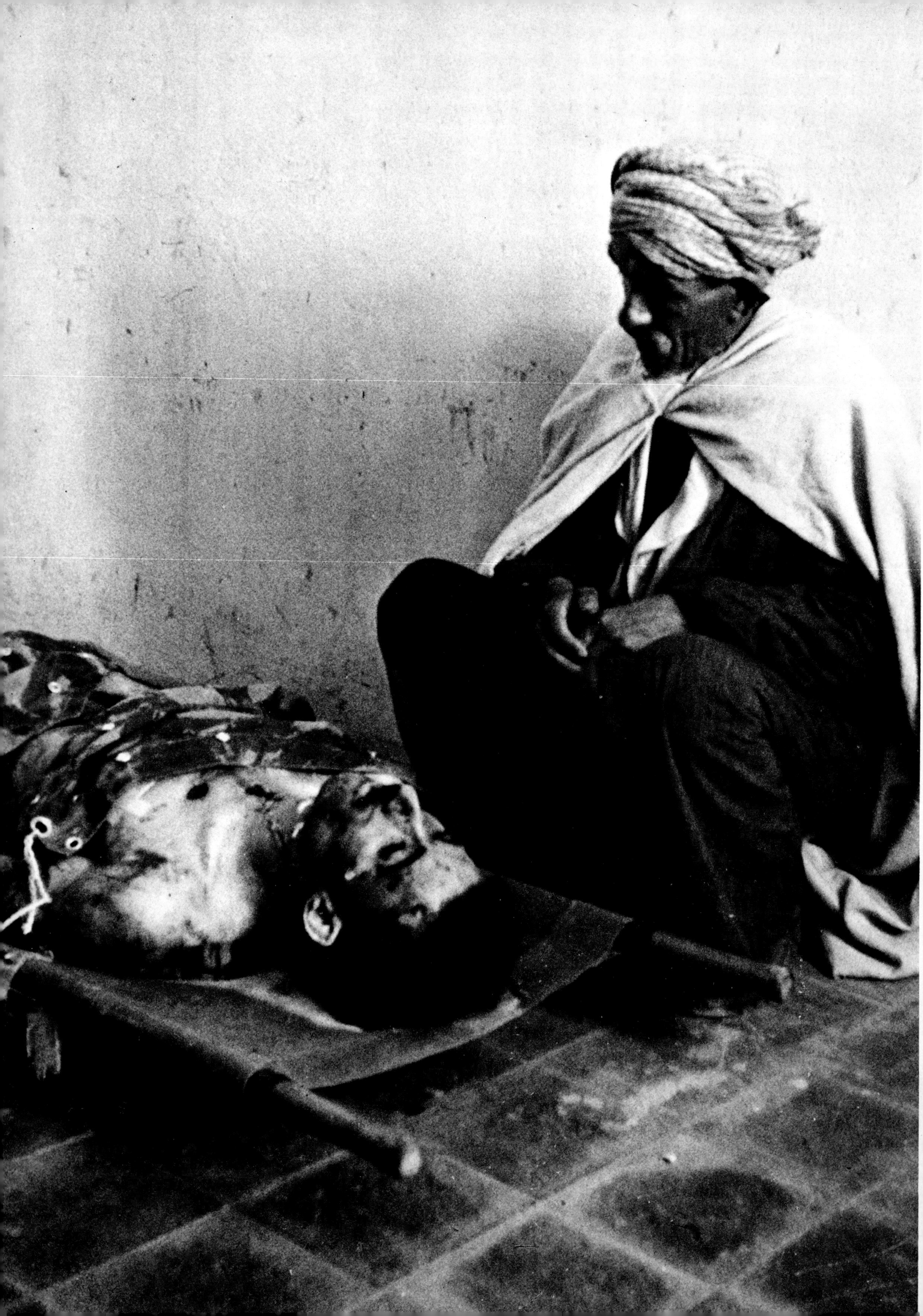

LA FIN DU
« COLONEL TERREUR »

PARIS, CAPITALE DU F.L.N.

MELUN :
ESQUISSE D'UNE
DIPLOMATIE

الاستقلال

LE COLONEL
EN ROBE DE BURE

PARES POUR
L'INDEPENDANCE

**LA VICTOIRE
TOUT FEU,
TOUT FLAMME**

DES MAQUIS DE KABYLIE AU FORUM

LE RETOUR
DU COMBATTANT

Au départ, neuf hommes jettent les bases du Fln. Ils vont déclencher l'Histoire : Larbi Ben M'Hidi, Mohamed Boudiaf, Hocine Aït Ahmed, Mohamed Khider, Belkacim Brim, Rabah Bitat, Mourad Didouche, Mostefa Ben Boulaïd et Ahmed Ben Bella qui sera le premier chef de la République algérienne indépendante. Les deux hommes qui lui succèderont : Houari Boumediène et Benjeddid Chadli (à gauche, sur ce document) sortiront, eux, des rangs de l'Aln (armée de libération nationale).

Deux mois après l'embrasement, le gouvernement général lance la première grande opération de ratissage. Les 28 et 29 novembre, neuf bataillons d'infanterie, trois escadrons de blindés et des spahis à cheval écument la région de Mirabeau entre Tizi-Ouzou et Alger. Point final : le 5e chasseur intercepte le convoi funéraire de Sidi Mohamed Mechaï. Parmi les 40 hommes qui suivent le cercueil, 7 sont des rebelles.

Une armée de l'ombre se met en place, se structure. Dès septembre 1954, deux mois avant la Toussaint sanglante, l'Algérie a été divisée en six willayas. La première, les Aurès ; la deuxième, l'Algérois ; la troisième, la Kabylie ; la quatrième, l'Algérois ; la cinquième, l'Oranie ; la sixième, le Sud. Les premières unités clandestines seront pratiquement anéanties. A l'exemple du groupe de combat cidessus qui sera décimé.

La Casbah d'Alger est le centre névralgique naturel de la rébellion. La guérilla urbaine laisse passer les orages, reconstitue ses forces et prépare son permanent travail de sape. Sous la direction de Mourad Didouche, puis de Yacef Saadi, elle va supporter la traque incessante de Massu. Ce sera « la bataille d'Alger ».

Bourguiba et Mohamed V veulent dédramatiser le conflit algérien. Le 23 octobre 1956, un sommet nord-africain se tient à Tunis. La délégation extérieure du Fln y est invitée à titre officieux. Ben Bella et ses compagnons, alors installés au Maroc, s'y rendent par avion. Les autorités françaises vont intercepter leur DC3 et le contraindre à se poser sur l'aéroport de Maison-Blanche, à Alger. Tout espoir de médiation du Sultan et de Bourguiba est écarté. Ben Bella, éloigné des luttes internes au Fln du fait de son emprisonnement, se posera en arbitre suprême.

Pour les rebelles, la Tunisie et le Maroc sont des bases arrières du combat. Assurés de l'impunité, ils s'y entraînent, instruisent leurs recrues et, au fur et à mesure des mois, mettent sur pied une véritable armée. Elle est financée et équipée par les Etats arabes progressistes. Le Caire est aussi la capitale du Fln. A Sakiet, à la frontière algéro-tunisienne, les combattants algériens paradent, en armes, en toute sérénité, ce qui provoque la colère des militaires français. D'où le bombardement de la ville. Une école et un hôpital sont sous les décombres. Les photos font le tour du monde. C'est la première grosse « bavure ».

Messali Hadj, militant du nationalisme algérien depuis 1923, dispose de partisans fidèles à ses idéaux. Sous la bannière du Mna, ils sont en rivalité avec le Fln et luttent contre l'armée française. L'un de ses chefs, Si Mohamed Bellounis se rallie à la France en décembre 1957 avec ses 3 000 hommes, après le massacre de Melouza par le Fln (302 victimes musulmanes). Paria pour les fellaghas, il sera bientôt un rallié encombrant pour les français.

La guerre est longue, harassante, cruelle. Tout comme les appelés français, beaucoup de combattants rebelles sont las. Séduits par la main tendue de De Gaulle, qui leur offre la « Paix des Braves », plusieurs centaines d'entre eux rendent les armes. La réaction du Fln est brutale : mouchardages et délations doivent empêcher toute désertion. Dans le maquis les suspects sont jugés sur le champ et exécutés aussitôt après.

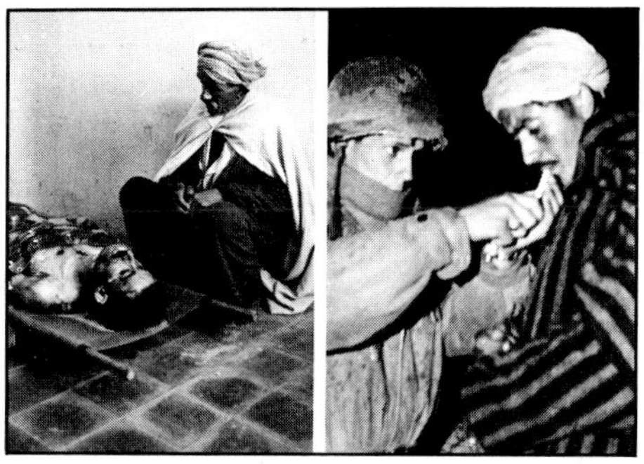

Amirouche Aït Hamouda était bijoutier en Oranie. Il fit ses classes de militant à Paris. Devenu chef de la willaya III, il régnait par la terreur sur la Kabylie. Treillis camouflé et casquette Bigeard, parodiant les paras, il se joue du terrain, de la forêt et sait tirer parti des véritables dentelles de rocher dont la moindre infractuosité peut abriter un homme. Avec sa garde personnelle, il tombe au piège du 6e Rpia dans le djebel Tsament.

En octobre 1961, on avait appliqué le couvre-feu à Paris, dans les quartiers musulmans. Sur l'ordre du Fln des milliers de manifestants déferlent sur les grands boulevards pour protester contre cette mesure. Ils scandent les slogans des rebelles. Pour les empêcher de se regrouper au centre de Paris, la police essaye de les disperser. Boulevard de Bonne-Nouvelle, c'est l'affrontement. On réquisitionne des autobus pour conduire au Palais des Sports près de 12 000 interpellés pour contrôle d'identité.

Le 14 juin 1960, dans une allocution télévisée, De Gaulle, ponctuant chaque phrase du poing sur la table, répète : « Une fois de plus, je me tourne au nom de la France vers les dirigeants de l'insurrection ». Il leur déclare que nous les attendons ici pour trouver une fin honorable au combat. Six jours plus tard, le gouvernement provisoire de la République algérienne fait connaître sa réponse : positive. Le 25, Me Boumendjel et Ben Yahia arrivent à Melun. Roger Morice, au nom du gouvernement français mène les négociations. Le premier pas vers la paix.

Visage raviné, regard brûlant, Houari Boumediène est le colonel en robe de bure. Respectueux de la loi coranique, c'est un ascète. Il n'a jamais été marié qu'avec l'armée. D'abord chef de la willaya V, il devient en 1960, chef de l'Etat-Major de l'Aln. C'est en Tunisie, à Ghardimaou, dans son P.c. qu'il met au point sa philosophie de la guerre : « Notre révolution n'est ni pour l'Ouest, ni pour l'Est. Elle est uniquement algérienne ».

Les négociations d'Evian qui vont déboucher sur la paix en Algérie, brisent l'unité sacrée des combattants Fln. Un homme va faire basculer la victoire de Ben Bella. C'est Boumediène, fort de ses 40 000 soldats. Comme pour mieux sceller leur pacte, les deux hommes, côte à côte passent en revue les troupes à l'Oued Mellègue, en Tunisie.

3 juillet 1962. Pour les musulmans, le grand jour de l'Indépendance est arrivé. En quelques semaines, Alger s'est vidée de sa population européenne. C'est un départ en catastrophe. Ayant bradé ce qu'ils pouvaient, les Pieds-Noirs abandonnent des dizaines de milliers d'appartements, de maisons, de meubles... Dans une atmosphère de kermesse, les musulmans prennent possession du pays. Pour eux, une nouvelle vie commence, tout feu, tout flamme...

Le Forum n'est plus. Désormais c'est l'esplanade d'Afrique. Alger-la-Blanche aussi a disparu, la capitale se drape de vert. Le 3 juillet, c'est l'arrivée triomphale des membres du gouvernement provisoire. L'Aln défile dans les grandes artères où paradaient hier les troupes françaises. C'est une troupe encore hétéroclite Une nation est à bâtir.

Quelque part dans le bled. Un « djounoud » (combattant sacré) embrasse dans sa mechta le fils qu'il n'a pas vu grandir. il va quitter son treillis et sa casquette Bigeard et reprendre ses habitudes aux village. C'est la paix. Beaucoup de ses compagnons, eux, ne rentreront pas. L'Armée de libération nationale estime à 141 000 hommes le chiffre de ses pertes en huit ans de lutte.

5 LA FIN

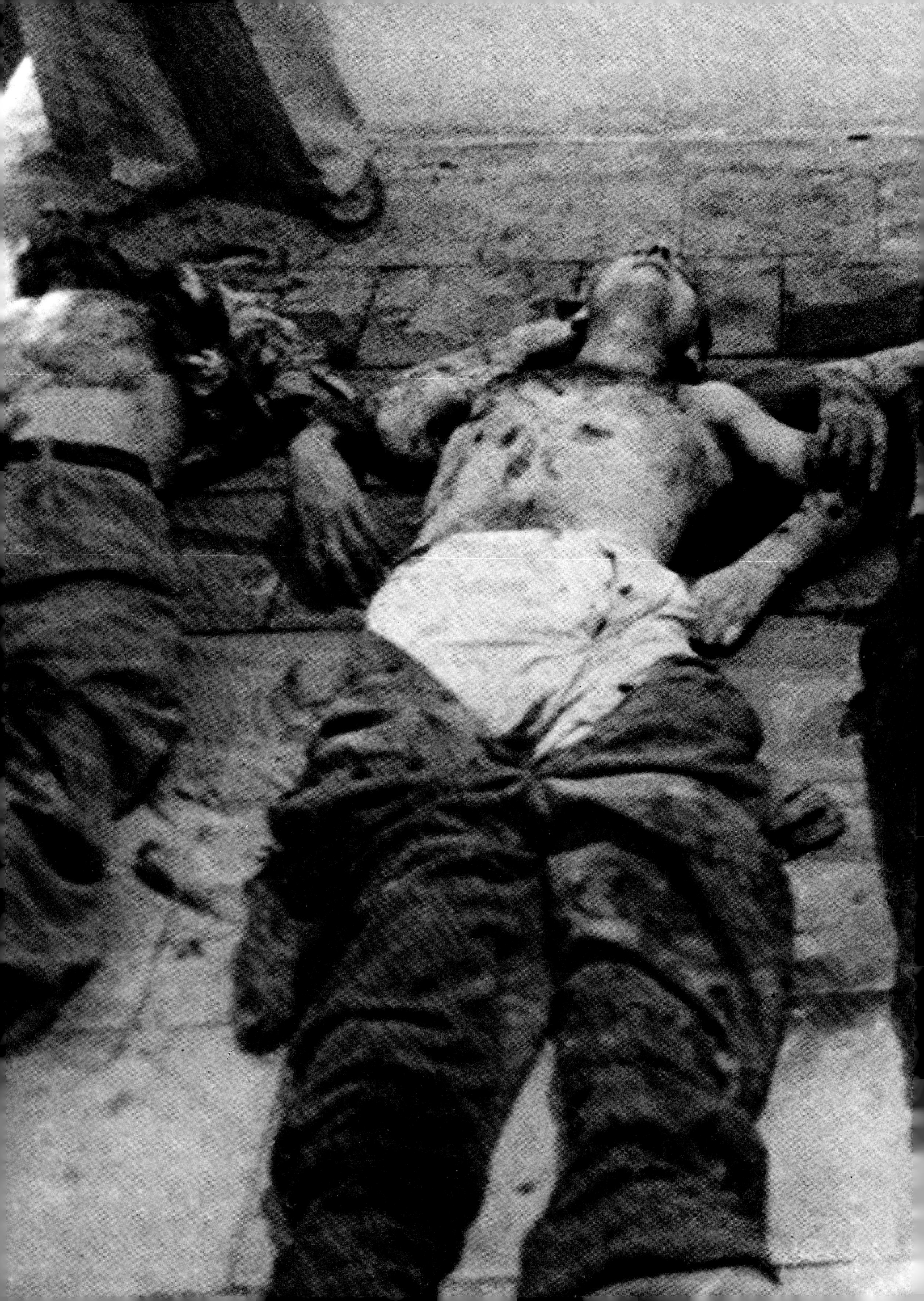

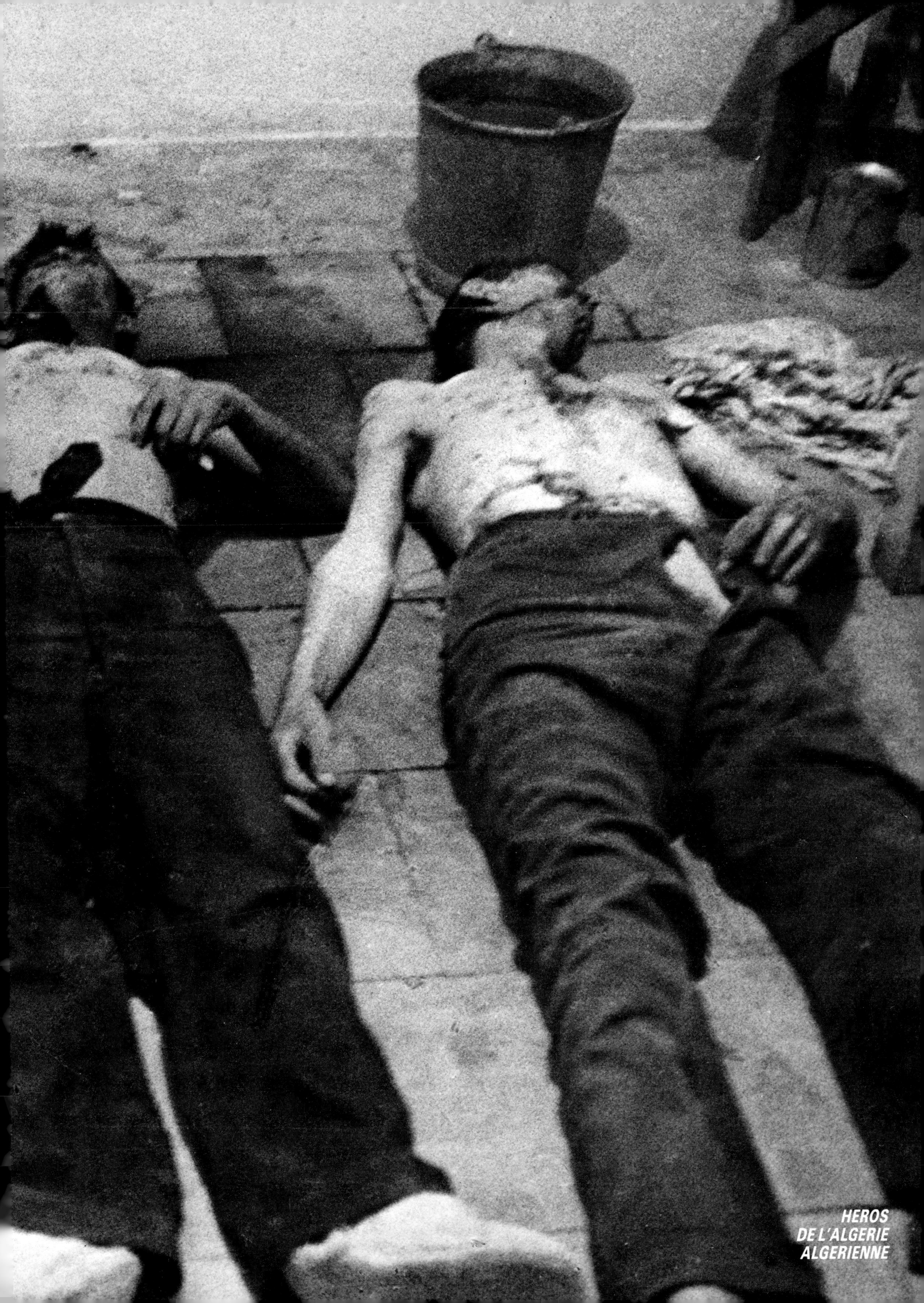
HEROS
DE L'ALGERIE
ALGERIENNE

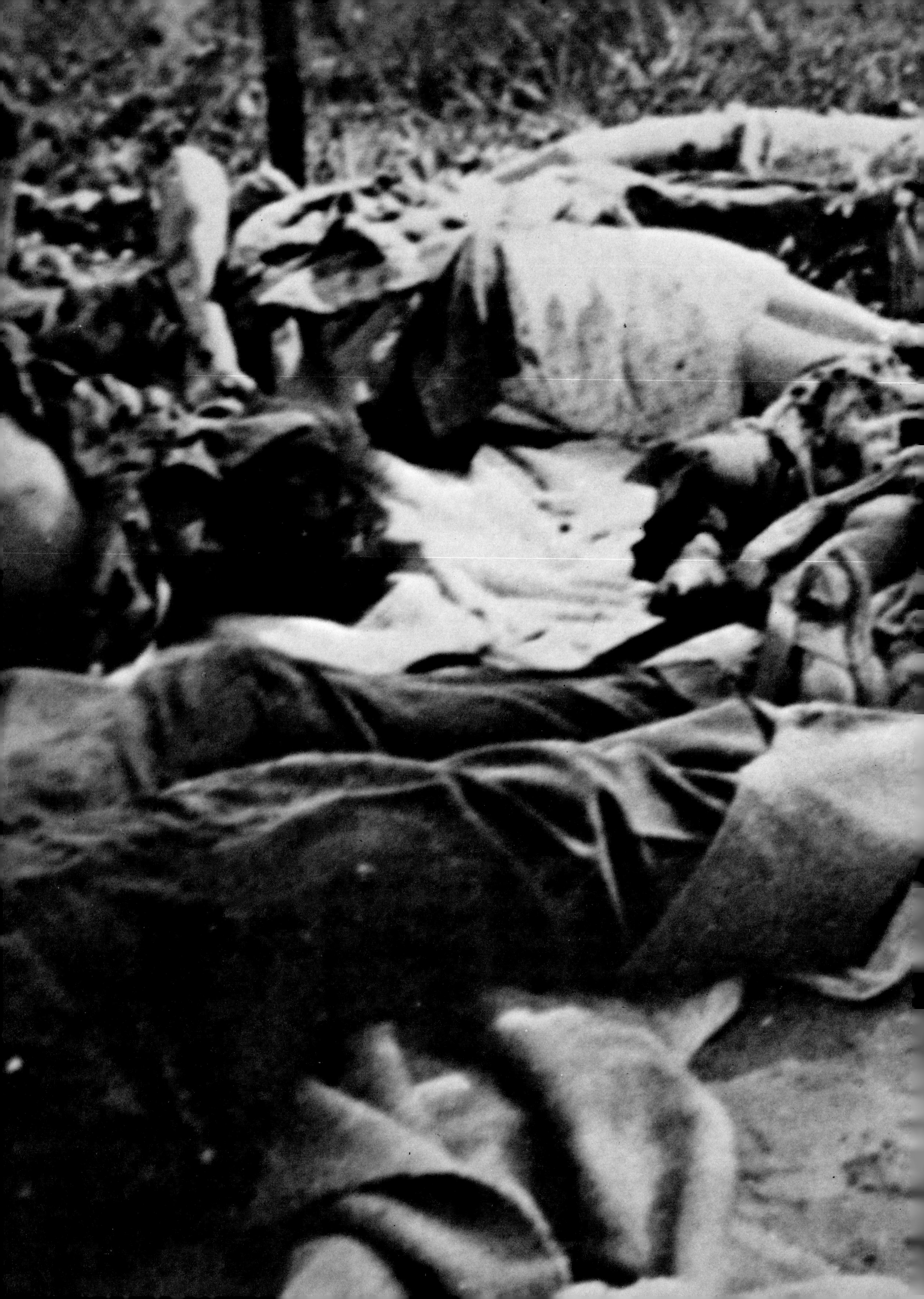

MARTYRS
DE L'ALGERIE
FRANÇAISE

LA SEMAINE
DES BARRICADES

RUE
CHARLES PEGUY
LITTERATEUR
MORT POUR LA FRANCE
1873 - 1914
PTT

LE CAMP
RETRANCHE DE
LAGAILLARDE

« UN QUARTERON DE GENERAUX... »

L'ARMEE
DECHIREE

A PIED,
A CHEVAL, EN
VOITURE

« JE NE
REGRETTE
RIEN »...

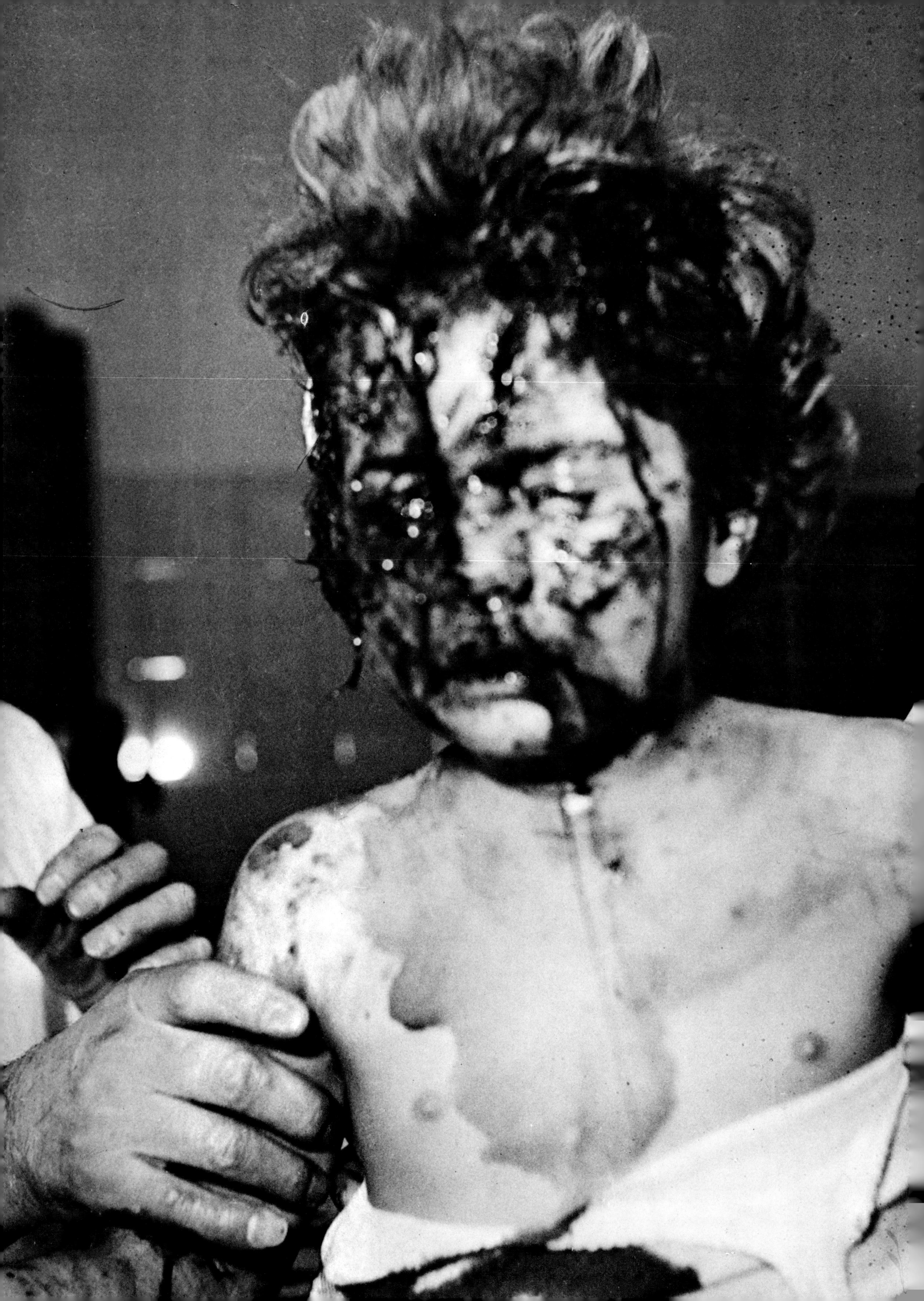

L'ATROCE MEPRISE

CHEMIN VERT

LA NUIT
DE CHARONNE

FLEURS
POUR LA PAIX

LE BLOCUS
DE BAB-EL-OUED

LA PAIX
EN ALGERIE

LA MORT FAUCHE LA RUE D'ISLY

PHARMACIE CARCASSONN
PHARMACIE
CARCASSONNE

PORTE-A-PORTE
ET BALLES PERDUES

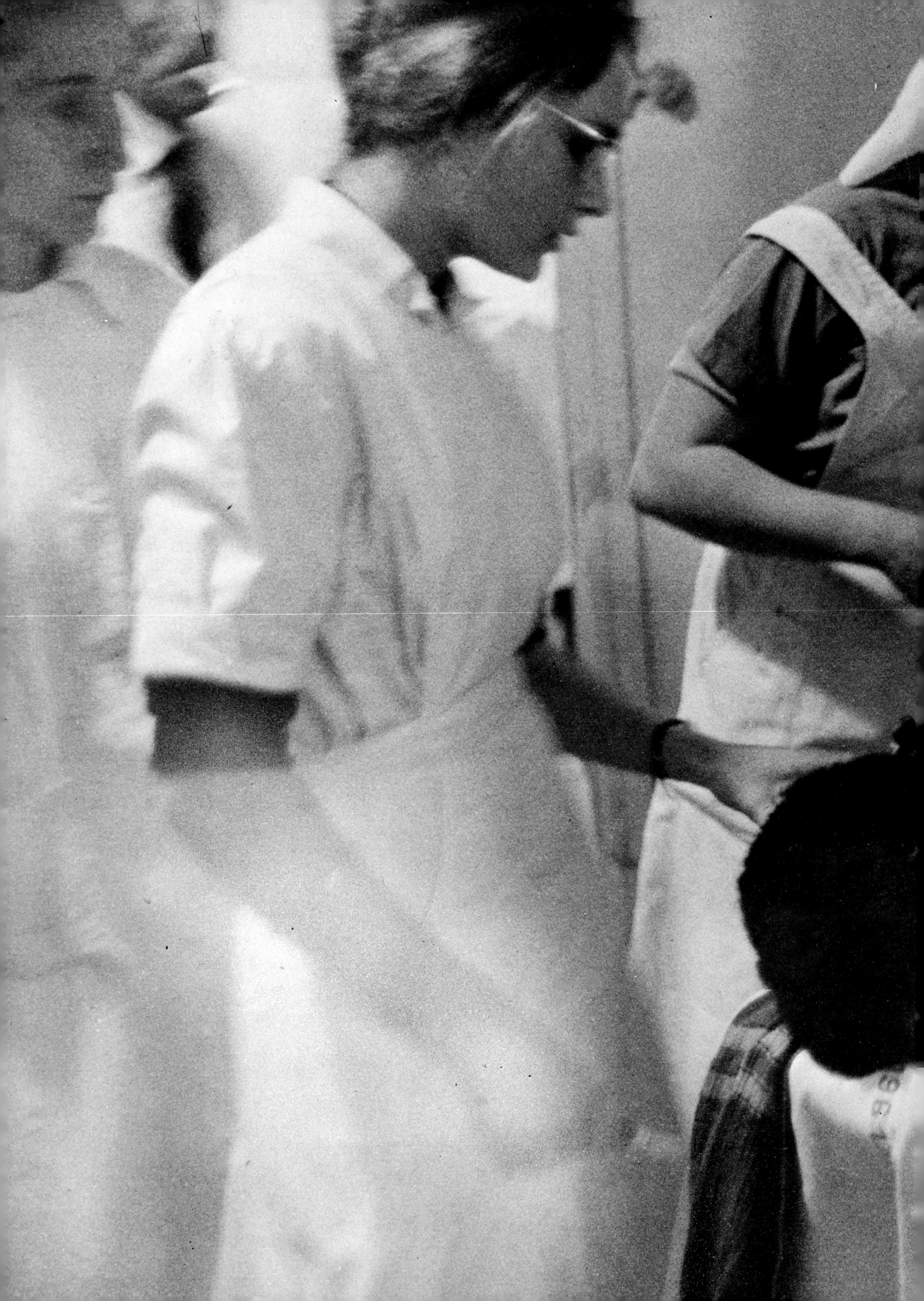

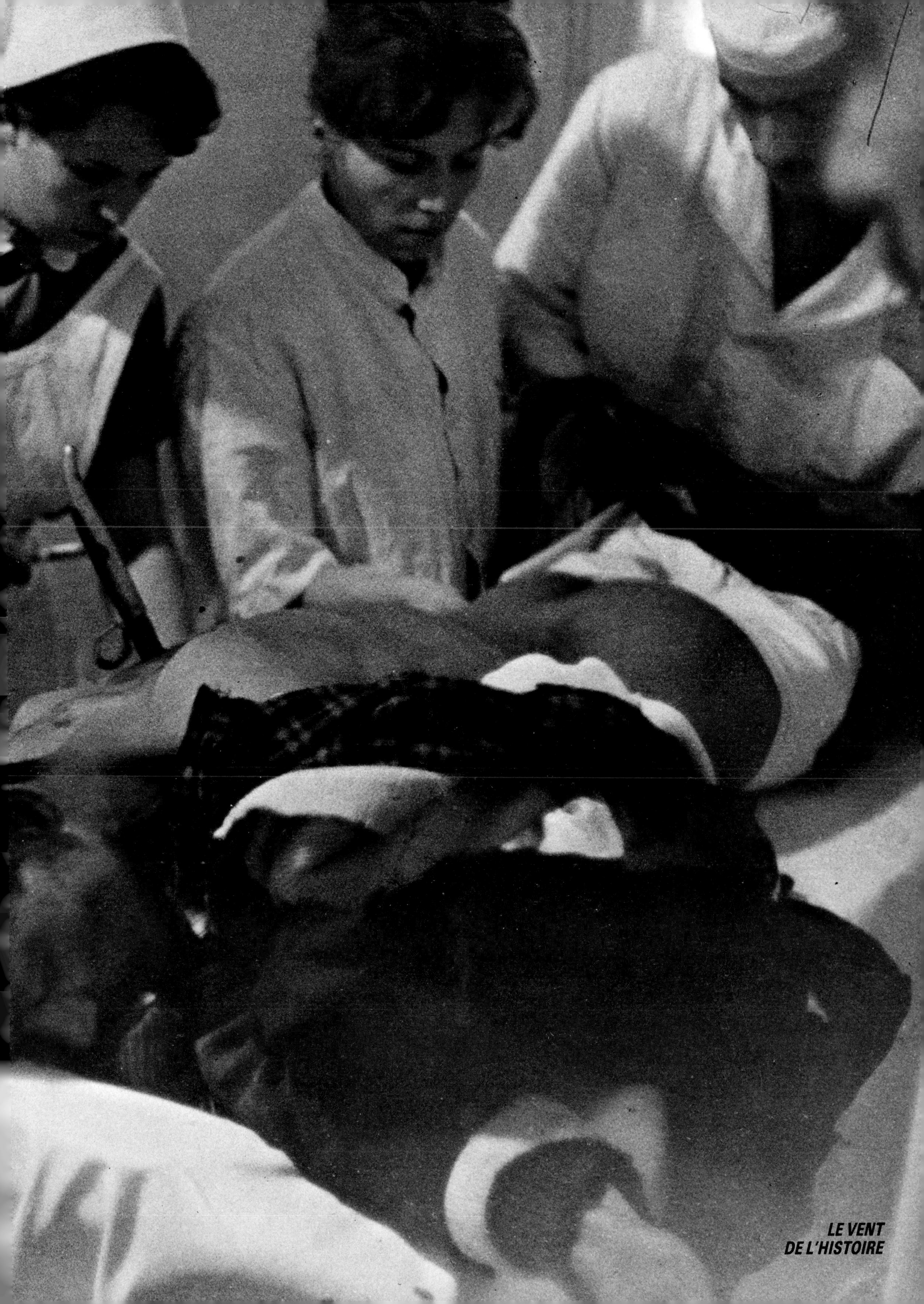

LA VALISE
OU LE CERCUEIL

EVIAN :
LA PAIX !

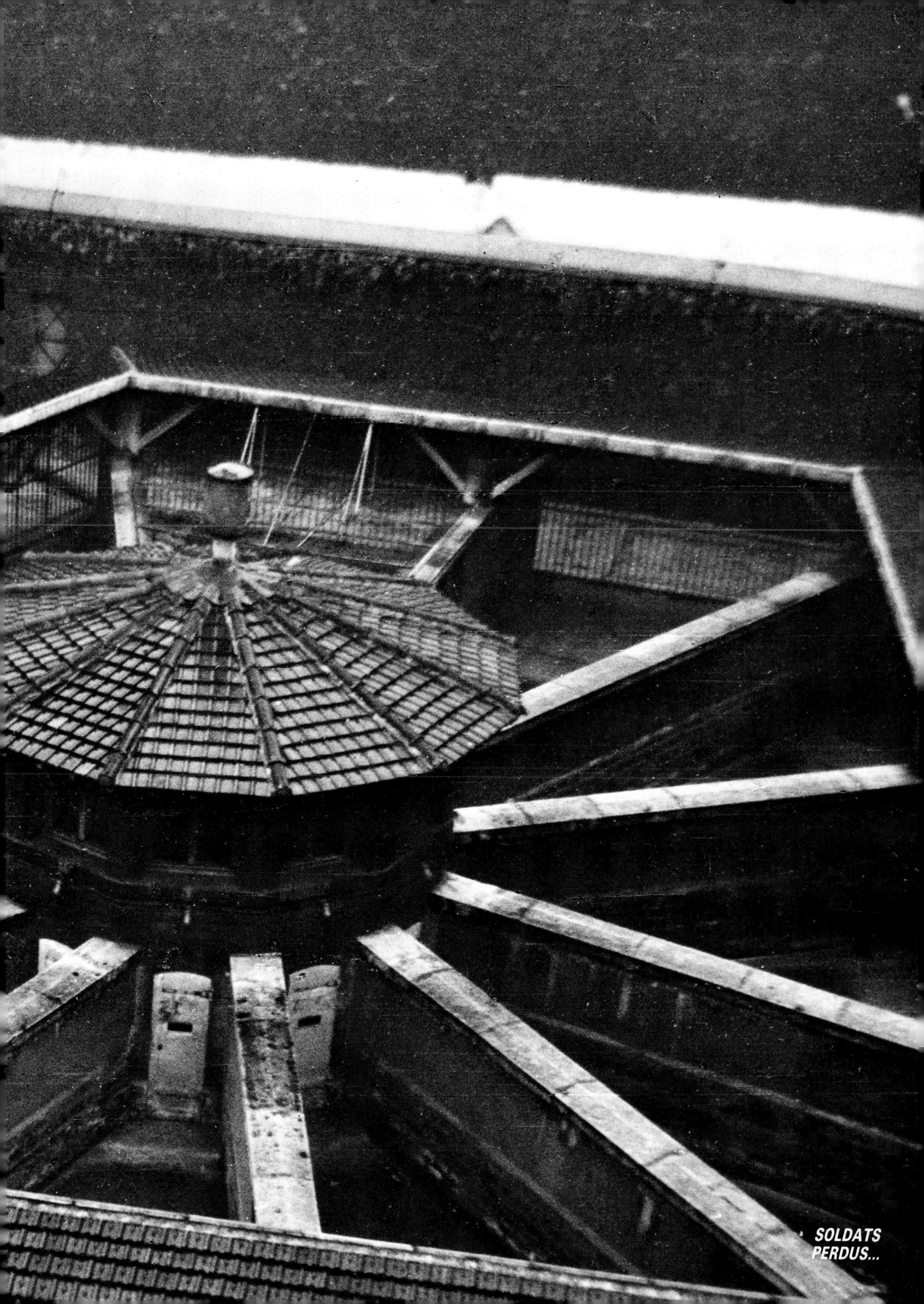

SOLDATS
PERDUS...

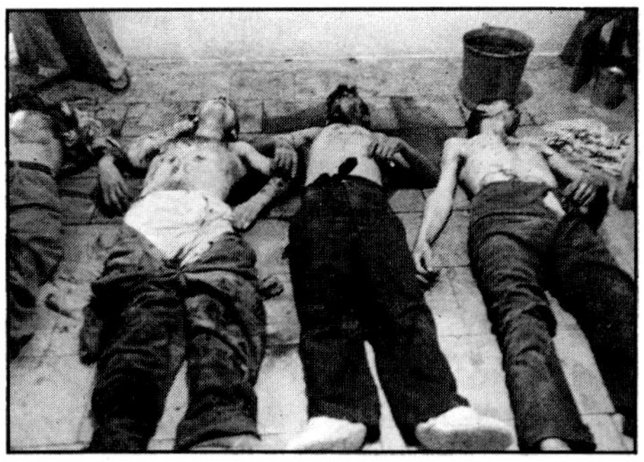

Huit ans de guerre. Avec, au jour le jour, sa liste macabre de tués militaires et civils. Les deux communautés sont douloureusement frappées. Cinquante mille mulsulmans sont officiellement portés disparus. Il y a près de 20 000 tués. Mais pour le Fln, ces estimations sont ridiculement basses. Selon lui, le dixième de la population algérienne, soit près d'un million de personnes, ont donné leur vie pour la révolution. Ce sont les héros de l'Algérie nouvelle.

Dans le martyrologue de l'Algérie française, il y aura toujours le souvenir des 2 800 civils européens tués et des 2 500 disparus. Entamé véritablement lors des massacres du 20 août 1955, dans la région de Philippeville, il ne cessera qu'avec l'exil. A El Halia, pour la première fois, militaires et population rurale avaient été confondus. Le sang français devait couler. Celui des civils, hommes, femmes, enfants, comme les autres. Le Fln voulait creuser un fossé de haine pour lancer, avec quelques hommes, une insurrection généralisée.

Refaire le 13 mai dénaturé par Paris. C'est l'obsession des leaders de l'Algérie française : Pierre Lagaillarde, Joseph Ortiz, Jean-Jacques Susini... Le 24 janvier 1960, un dimanche, leurs militants et sympathisants se rassemblent sur le plateau des Glières autour d'Ortiz. Lagaillarde et ses étudiants investissent les facultés. A 17 h, la grève générale est décidée. Des dizaines de milliers d'Algériens sont dans la rue. Avec les hommes des unités territoriales, ils montent des barricades. Lorsque la gendarmerie veut déblayer le terrain, c'est le drame : 8 morts, 24 blessés parmi les manifestants ; 14 morts et 123 blessés pour les forces de l'ordre.

Pendant huit jours, Alger est paralysée. Toute la ville vit à l'heure des deux réduits d'Ortiz et de Lagaillarde. Paul Delouvrier, délégué général et le général Challe, commandant en chef, doivent quitter Alger le mercredi 27 et installent leur Pc dans le bled. C'est l'apparente victoire du camp retranché. Mais rapidement la révolte dépérit. En dépit de sympathies évidentes, côté paras, l'armée ne suit pas. Le dimanche suivant, Ortiz entre dans la clandestinité, tandis que le 1er février, Lagaillarde, en grand uniforme, se rend avec ses troupes. Quand ils sortiront, les légionnaires-parachutistes du colonel Dufour présenteront les armes.

La guerre qui paraît gagnée sur le terrain, semble en revanche perdue dans les cœurs. Depuis les barricades, les Pieds-Noirs ont le pressentiment qu'ils ont le dos au mur. Les hommes du 13 mai, qui se sentent floués, refusent d'admettre que leur combat fût vain. Ils ont encore l'espoir insensé de fléchir De Gaulle. L'Algérie française demeure leur credo... Le 22 avril 1961, Jouhaud, Salan, Challe et Zeller sautent le pas. C'est le putsch d'Alger.

A pas de loup, les bérets verts occupent Alger. Le 23 avril, à 2 heures du matin, le 1er Régiment étranger de parachutistes (1er Rep) pénètre par petits groupes dans la ville. Le Forum est désert, Bal-el-Oued, lui-même, est endormi. Le général Gambiez, commandant en chef est fait prisonnier dans sa voiture. La délégation générale investie devient une caserne. Alger a changé de mains. Au petit matin, la ville s'éveille aux accents de la radio rebelle. Tous les carrefours sont gardés, la ville prise en enfilade, les terrasses contrôlées. La tenue léopard est partout. Le coup de force semble un succès. Ce n'est qu'une illusion.

Les quatre mandarins de l'armée pensaient susciter une vague de fond. La présence de Challe, en particulier, officier loyaliste, très respecté, doit, en principe, entraîner de nombreux corps dans l'aventure. Excès d'optimisme. Ayant pris de vagues promesses pour des engagements fermes, ils ont fait de leurs désirs une fausse réalité. Au soir du premier jour le bilan est décevant : une quinzaine de régiments, à peine, dans toute l'Algérie, sont derrière les putchistes. La plupart de leurs camarades se bornent à les assurer d'une stricte neutralité. Le contingent, lui, affiche franchement son hostilité. L'échec est inévitable. Le 25 avril, c'est fini. Challe se rend, Zeller disparaît. Salan et Jouhaud rejoignent l'Oas. Les forces légalistes reprennent Alger. Lors du putsch, les gendarmes ont eu trois blessés.

A Paris, le gouvernement tombe des nues. Interrogé la veille, Pierre Messmer, ministre de la Défense assurait : « Il est exclu que l'armée sorte de la discipline ». Le 23 au soir, De Gaulle, en uniforme, apparaît sur les écrans. Ironisant sur un « quarteron de généraux en retraite », il les condamne sans appel. Un verdict capital. En Algérie, les indécis mais surtout le contingent, se rangent clairement dans son camp. Le chef de l'Etat a gagné la guerre des transistors... Incident cocasse, Michel Debré, son Premier ministre, apparaît à minuit à la télévision mal rasé, le débit heurté : « Dès que les sirènes retentiront, allez, à pied ou en voiture, convaincre ces soldats trompés ». Une incantation qui passera déformée à la postérité : « à pied, à cheval, en voiture ». Paris, n'excluait pas un baroud d'honneur des paras. Au ministère de l'Intérieur, on distribuait armes, treillis, chaussures...

Le 25 avril, quand le rideau retombe sur le putsch manqué, les légionnaires-parachutistes du 1er Rep s'en retournent comme ils étaient venus. A pas de loup. Ils vont rejoindre leurs camions et regagner leur camp de Zeralda. En route, entre les chants de bivouac et de baroud, monte cette chanson nostalgique d'Edith Piaf : « Non, rien de rien, non je ne regrette rien ». Héritier du 1er Bataillon étranger de parachutistes décimé en Indochine, le Rep est dissous. Le commandant Denoix de Saint-Marc retrouve Challe à la prison de Tulle. De nombreux officiers et soldats entrent dans la clandestinité. Le capitaine Sergent devient chef de l'Oas métropole ; le lieutenant Degueldre, des commandos « Delta ». Il sera fusillé ainsi que le sergent Dovecar.

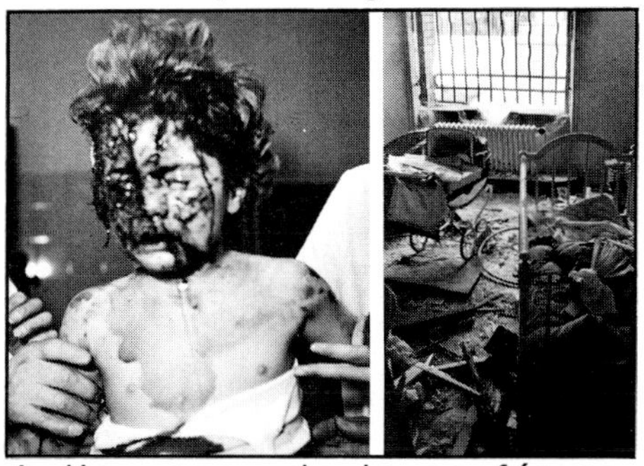

A l'annonce de la conférence d'Evian, l'Organisation armée secrète (Oas) qui regroupe les desperados de l'Algérie française, décide de porter le terrorisme en métropole. Le maire d'Evian qui a prêté sa ville meurt foudroyé par une bombe au plastic. Une autre explose au domicile d'André Malraux à Paris, le 7 février 1962. Le ministre n'était pas chez lui. L'engin déposé sur une fenêtre blesse grièvement une petite fille de 4 ans, Delphine Renard, qui jouait dans une pièce voisine. Une atroce méprise qui disqualifie définitivement l'Oas dans l'opinion.

Face à l'engrenage de la violence, les syndicats et les organisations de gauche appellent à une manifestation contre le terrorisme Oas, le 8 février 1962. Malgré l'interdiction de la préfecture de police, l'itinéraire reste maintenu de la République à la Nation. Les forces de l'ordre postées à la Bastille bloquent le cortège des 20 000 personnes. Après un long face à face, la situation se dégrade alors que la dislocation est en cours. La police se montre d'une brutalité inouïe, lors de ses charges répétées. Acculés contre les grilles fermées des stations « Charonne » et « Chemin-Vert », des manifestants continuent d'y être brutalisés. C'est une atroce mêlée. On relèvera 8 morts, dont trois femmes et un adolescent.

Le lendemain de Charonne, le ton de « l'Humanité » et de « Libération » leur vaut d'être saisis. Partout des arrêts de travail symboliques sont observés. Le mardi 13, 500 000 personnes enterrent les victimes. Le cortège s'allonge sur 3 km. Le silence salue le passage des voitures funéraires, chacune précédée du portrait du mort. En particulier, lorsque se présente celui de Daniel Ferry, 16 ans, employé à « l'Humanité ». Sous la bourrasque et la pluie, les bras chargés de fleurs, la foule, énorme, accompagne les victimes jusqu'au Père-Lachaise. C'est un immense jardin en marche.

19 mars. Les accords d'Evian provoquent le raidissement final de l'Oas. Pour son responsable de Bab-el-Oued, l'armée française aussi devient l'ennemi. Le 22, c'est l'affrontement ouvert contre la gendarmerie. Le 23, les commandos clandestins « Alpha » abattent sept appelés en patrouille. Bab-el-Oued est bouclé. Vingt mille hommes font le siège du célèbre quartier populaire. Face à eux, 150 combattants de l'Oas soutenus par la population.

Le 26 mars, plusieurs milliers d'Algérois veulent délivrer Bab-el-Oued. La manifestation est interdite. Rue d'Isly, un barrage du 4ᵉ Régiment de tirailleurs algériens a pris position. Le lieutenant Ouchène adjure les civils de stopper leur marche : « N'avancez plus, nous avons ordre de tirer ». Mais soudain, un provocateur posté dans un immeuble tire. Affolés les tirailleurs répliquent sans commune mesure. C'est l'hécatombe et la terreur : partout des morts, des blessés, du sang... Quarante-six tués, 200 blessés dont certains à l'agonie.

Mai 1962 : l'Oas est décapitée. Salan a rejoint Jouhaud en prison. L'anarchie règne. Des groupes incontrôlés pratiquent un terrorisme aveugle. A Oran, c'est l'état de siège. L'armée clandestine brûle ses dernières cartouches. Elle pratique délibérément la politique de la terre-brûlée. Nuit et jour, ses commandos harcèlent patrouilles et service d'ordre.

Trois armées cohabitent à Alger : l'armée française, l'armée secrète, l'armée rebelle. Chacune a ses quartiers, mais la guerre est partout. C'est le qui-vive permanent. Plus personne ne vit, tout le monde attend. Le bilan quotidien des exécutions dans la rue est très lourd. Les gens, sont blindés. Leur faculté d'émotion, sans cesse mise à l'épreuve, s'est transformée en indifférence.

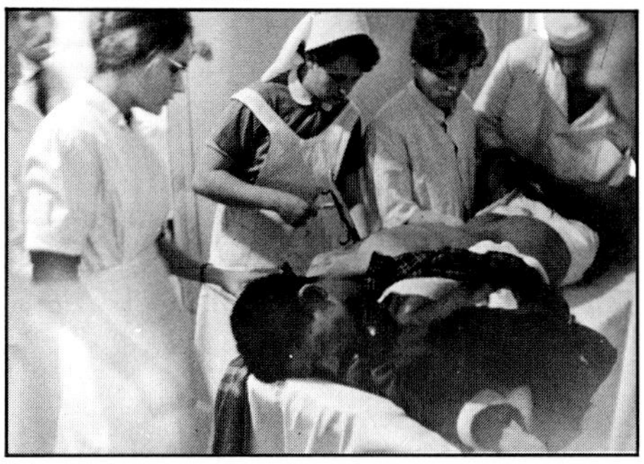

C'est le temps des longs couteaux. Arabes et Pieds-noirs ne se rencontrent plus qu'à la morgue. A Bab-el-Oued, on meurt parce qu'on est musulman ; dans la Casbah, parce qu'on est européen : « balle dans la nuque », « grenade », « plastic », le « Journal d'Alger » donne, chaque soir, une sèche nomenclature sur trois colonnes. Les chefs de commandos de chaque bord pointent les noms pour vérifier que leurs équipes d'exécuteurs ont atteint leurs objectifs. Il n'y a plus de loi. Le drapeau noir et blanc de l'Oas flotte dans les villes. A Oran, un commando « Delta » s'empare de 2 milliards. Ce sera le fameux « trésor de guerre » de l'Oas.

Au cours du seul mois de juin, 300 000 Européens, le tiers des Français d'Algérie, partent avec vingt kilos de bagages par personne. L'incroyable est arrivé : les Pieds-noirs abandonnent leur pays. On se bat pour embarquer. Des milliers de valises attachées avec des ficelles encombrent les quais. Ceux qui attendent sont parqués. Sous leur soleil ils vivent le cauchemar de l'abandon.

La paix dans la coopération. C'est l'esprit des « accords d'Evian », le 19 mars 1962. A la table des négociations, pour la France, Louis Joxe, chef de la délégation et Jean de Broglie, secrétaire d'Etat au Sahara. En face : Krim Belkacem, ancien tirailleur de l'armée française, l'un des neuf chefs historiques de la rébellion.

Avril 1962, à la Santé. L'ex-général Jouhaud vêtu du manteau qu'il portait lors de son procès, fait sa promenade dans la cour de la troisième division. Raoul Salan, chef suprême de l'Oas est au secret dans une cellule du rez-de-chaussée. Dans quelques semaines le Haut tribunal militaire, qui avait condamné Jouhaud à mort, va accorder les circonstances atténuantes au commandant en chef des « soldats perdus ». 3 596 personnes seront condamnées pour leurs activités dans l'Oas. Il y aura quatre fusillés : Piegts et Dovecar (6 juin 1962), Degueldre (7 juillet 1962) et Bastien-Thiry, attentat contre De Gaulle, (11 mars 1963).

CAPITAINE JULIENNE

"NOUS SOMMES TOUS DES BOUGNOULES"

20 ANS APRES...

Vingt ans... L'Algérie, ses hommes, ses mythes, son univers sont-ils encore en nous ?
En quittant la rade d'Alger avec les appelés de notre contingent, notre temps terminé, je pensais, dans le bateau de Marseille, que cette campagne allait entrer dans nos maisons, dans nos tâches quotidiennes, dans nos tourments, sur nos chantiers, dans le destin collectif qu'elle avait ébranlé pour longtemps... Le livre, en effet, ne s'est pas refermé. Il s'est imprimé, d'année en année, de régime en régime, dans la métamorphose de la France, et du monde, hors de la préhistoire.

Les hommes d'abord, ceux de « Lieutenant en Algérie », que sont-ils devenus ? Julienne, Henry, Espanieul, Galland, ne sont pas des créatures de romancier, mais des êtres réels. L'on peut d'ailleurs, vingt ans après, révéler leur état-civil. Ils s'appellent : Louis Fournier, Henry-Jean Loustau, Roger Barberot, Jacques de Bollardière. De ces quatre personnages majeurs, j'ai suivi le destin. Il fut pour tous dramatique.
Julienne d'abord, bien sûr.
Chaque fois que nous avions un peu de temps, là-bas, pour parler, je l'écoutais avec passion. Il me faisait la leçon. Il m'enseignait « le peuple ». Il me voulait, disait-il, plus à gauche, plus révolté. Car son peuple, le nôtre, le peuple français était mal traité — comme le peuple algérien, disait Julienne — et il tenait à ce que je sache que je ne le saurai jamais assez.
Julienne, de famille ouvrière, était devenu, comme boursier, élève puis ingénieur des Arts et Métiers, et militant Cgt. Proche des communistes, il se méfiait d'eux. Mais quand il fallait choisir, il restait du côté des plus mal traités — toujours.
Il avait débarqué comme jeune lieutenant, à la tête du « premier commando lourd de France » dans l'armée de Lattre sur les côtes du Midi. Une grenade allemande était tombée au milieu de son escouade. Pour éviter le massacre de ses jeunes soldats, à la dernière seconde, il se jeta sur l'engin de son corps qui était immense. Il prit tous les éclats. Considéré comme perdu, il fut traité pour ses vingt blessures profondes. Il sortit, dix mois plus tard, de l'hôpital pour rejoindre les campagnes de la Libération.
Il refusa ensuite l'expédition en Indochine. Plus tard, il s'engagea dans la guerre d'Algérie car le peuple y était, et toute la jeunesse.
J'ai dit, dans le récit, une partie de ses tourments intimes. Après mon retour, j'appris qu'il avait fini par démissionner pour rentrer en France avec sa femme et ses quatre enfants.
Ce fut alors, et longtemps, une joie profonde, régulière, de le fréquenter comme ami, comme guide. Il fut de tous nos combats civils de cette période sombre, celle des années 60. Sans compromis, sans ambition, sans illusion.
De la maison de Toulon qu'il prit ensuite

pour suivre ses enfants, au calme, en les recevant régulièrement, et profiter enfin de la vie, je reçus en 1976 un matin de bonne heure, un appel téléphonique de sa femme : « Louis est mort. »
Je l'ai rejointe aussitôt. Julienne, me raconta-t-elle, avait été admis à l'hôpital militaire pour un nouveau traitement de ses blessures, sans prévenir personne. Sa femme lui rendait visite régulièrement, mais il parlait à peine. Il ne voulait que lire, comme dans chacune des soirées de la campagne algérienne.
La manière dont les « héros » de l'Algérie française avait occupé le pouvoir en France ne lui laissait plus aucun répit de l'âme. Il n'y avait plus pour lui de combat qui vaille – ni ici, ni ailleurs. Si quelqu'un avait besoin de lui (nous avions tous besoin de lui) il ne voulait plus le savoir. Après une dernière visite de sa femme, sans un mot, sans un papier, sans un message, Julienne, dans la nuit, se jeta par la fenêtre vers un Dieu auquel il n'a jamais cru, dans le néant du Sartre qu'il révérait.

Le commandant Henry était d'une autre sorte. Saint-Cyrien de toujours, vivant pour la gloire, les décorations et la promotion militaire, avec panache et conviction, il avait épousé, comme tant d'autres, corps et âme, la dernière guerre française.
La victoire à tout prix sur « les salopards » qui voulaient chasser la France, était sa croisade. Une France qui capitulerait ne serait plus celle à qui il avait dédié sa vie au service du drapeau. La lente décomposition de la guerre, la montée en puissance du peuple algérien, la maladie du corps politique français, enfin ce qui fut, à ses yeux, la trahison – la négociation – puis le départ, firent de lui, comme de tant d'autres, un « soldat perdu ».
Ce baroudeur, aristocrate et sincère, préféra l'intransigeance de l'Oas, dans laquelle il moula sa destinée de Saint-Cyrien et de patriote. A la fin de cette logique sanglante, il s'exila vers l'Amérique du Sud, l'amertume et la maladie.

Espanieul restera toujours l'athlétique nageur, à vingt ans, de la rade d'Alexandrie au soleil de Juin 40. Superbe histoire.
Au moment de l'armistice, son navire de guerre (il était enseigne de marine) se trouvait en rade d'Alexandrie. De l'autre côté, la flotte britannique : Espanieul décida de la rejoindre pour continuer le combat. Plongeant du haut de son cuirassé, il se mit à nager, à toute force, vers les navires anglais.
Aussitôt aperçu, il fut pris en chasse par les vedettes de la marine vichyste qui commencèrent à le mitrailler. Il plongeait dès qu'on tirait sur lui, revenait en surface pour respirer, replongeait.
De part et d'autre, tous les regards de la fameuse rade étaient fixés sur cet homme qui s'élançait au milieu des gerbes d'eau

provoquées par le tir des mitrailleuses. Il arriva blessé, repêché par les Anglais. Et il ne cessa plus de se battre. Le courage était sa nature. L'Algérie, pour lui aussi, fut un tournant. De pur soldat qu'il était, il devint militant politique, bec et ongles contre la République et pour de Gaulle. L'arrivée au pouvoir du général fit de lui un Ambassadeur de France. Bref moment, dernier rayon de gloire — avant que « l'héritage » du général ne l'écœurât à son tour.

Reste le plus illustre : Galland. D'une famille d'officiers bretons de père en fils, il avait, devant l'avance hitlérienne, quitté seul à bord d'un esquif son petit port d'Armorique, le 17 juin 40, avant même le célèbre Appel, pour aller rejoindre les côtes anglaises et la France libre. Compagnon de la Libération, Grand officier de la Légion d'honneur, plus jeune général de l'armée, il nous commandait dans le sud algérois avec une haute conception de sa mission : le respect des Algériens. Il prit sur lui la responsabilité des commandos nomades, il interdit toute violence physique sur les prisonniers. Un jour, j'apprends qu'il est rentré en France. Il m'indique, par un simple coup de téléphone, qu'il avait signifié à l'Etat-Major qu'il quittait son commandement par refus d'appliquer les consignes officielles sur l'emploi de la torture. Il me demande comment le faire savoir à l'opinion française, m'écrit une lettre et m'autorise à la publier.

« Vous avez servi, sous mes ordres, en Algérie avec le souci de nous aider à dégager, par une vue sincère et objective des réalités, des règles d'action à la fois efficaces et dignes des traditions de notre Pays et de son Armée.

« Je pense qu'il était hautement souhaitable qu'après avoir vécu notre action et partagé nos efforts, vous fassiez votre métier, en soulignant à l'opinion publique les aspects dramatiques de cette guerre et l'effroyable danger qu'il y aurait pour nous à perdre de vue, sous le prétexte fallacieux de l'efficacité immédiate, les valeurs morales qui, seules, ont fait jusqu'à maintenant la grandeur de notre civilisation.

Avec mon estime et mes souvenirs amicaux.

Signé : Général de Bollardière »

Dans cette protestation publique, et le refus de continuer à servir — lui, soldat de carrière qui jamais n'avait songé à s'adresser à l'opinion — il fut le seul officier général de notre armée, le seul. Immédiatement mis par le gouvernement aux arrêts de forteresse où il reste deux mois, il est déféré, pour examen des sanctions, devant le Conseil de la Défense nationale que présidait le maréchal Juin.

Cette « affaire » exceptionnelle ne pouvait se dérouler sans qu'en soit saisi d'abord le conseil des Ministres. Autour de la table de l'Elysée, quelques responsables politiques du gouvernement socialiste de l'époque

émettent des réserves. Mais deux seulement s'opposent à toute sanction contre Bollardière : Gaston Defferre et François Mitterrand. Le gouvernement passe outre.
Alors Gaston Defferre indique, en conseil, que si Bollardière n'est pas immédiatement nommé, et sans aucune sanction, à un nouveau commandement, il démissionnerait de son poste de ministre de la France d'Outre-Mer, rendant publiques les raisons de sa démission.
Le Premier ministre, Guy Mollet, s'incline. Bollardière est nommé commandant supérieur des forces françaises en Afrique équatoriale. Le gouverneur général est Pierre Messmer, son ancien compagnon de Légion dans la France libre, qui le tint soigneusement à distance tout au long de leur séjour commun.
Dans son petit bureau de la rue de Solférino, bien avant le retour au pouvoir, le général de Gaulle reçoit Bollardière pendant une heure. Je l'attendais à la sortie, à sa demande. Il me confie alors, très sombre, que de Gaulle n'a pas eu un mot d'approbation.
Jacques de Bollardière quitte l'armée et se retire en Bretagne. De là, il devient, au fil des années, un militant des causes humaines. Il est venu avec nous, dans le « Bataillon de la paix » à Mururoa, au milieu de l'océan Pacifique, contre les essais nucléaires. Il étudie les ouvrages le plus récents des mouvements « non violents » et en devient l'un des plus ardents meneurs. Il mène l'assaut contre la militarisation du camp du Larzac à côté des bergers et de la jeunesse. Catholique fervent, il a renvoyé toutes ses décorations au ministre de la Défense — sauf une — la Croix de la Libération qu'il remet un jour à mon fils aîné, son filleul, qui avait alors douze ans, en lui demandant d'enseigner à la jeunesse de sa génération « l'horreur de la violence ».
Le jeune étudiant en médecine qu'est devenu le filleul de Bollardière n'a jamais oublié le message dont il est porteur.

Restent bien d'autres personnages de la campagne d'Algérie, parmi ceux dont j'ai partagé là-bas les journées et les nuits. Et, parmi eux, il faut, paraît-il, dire un mot de l'auteur.
Avant l'Algérie, j'avais déjà connu — de 18 à 28 ans — l'engagement comme pilote de chasse dans les forces aériennes gaullistes ; le débat public comme éditorialiste du « Monde » ; la responsabilité professionnelle et politique, comme créateur de « L'Express », puis comme assistant de Pierre Mendès France, d'abord pour la paix à Genève, puis pour la campagne électorale et la victoire d'un « Front républicain », dont furent issus les tomates du 6 février à Alger, l'engrenage de la guerre, l'appel du contingent, la fin de la République.
Après l'Algérie, je fus intimement mobilisé dans trois directions qui ont fait ma vie et orienté ce qui commence, en 1982, vers un autre avenir pour cette jeunesse qui va prendre le monde en charge.

– Le devoir moral (Bollardière). Participer, organiser, au long des années 60 et 70, les campagnes contre le fanatisme, le racisme, l'idéologie, le militarisme, l'intolérance... Comme journaliste, directeur de presse, auteur, militant, j'ai labouré, le plus souvent solitaire. Ce fut la bataille contre l'impardonnable gaspillage d'argent public sur tant de projets industriels prestigieux et ruineux – symbolisés par le plus beau et le plus fou : Concorde.
Ce fut, aussitôt, ma croisade pour le pouvoir régional. Georges Pompidou, président, me condamna en ces termes : « Si JJSS continue d'être girondin, il finira guillotiné. » Hommage dont, toujours girondin, je lui suis reconnaissant.
Ce fut le « Manifeste » pour la séparation du pouvoir politique et du pouvoir économique, la réforme de l'héritage, la suppression des grands concours, l'éducation précoce à partir de deux ans pour l'égalité des chances, les choix de haute technologie pour les investissements publics, l'intégration dans l'économie mondiale avec, on le verra, la culture individuelle de l'identité de chacun.
– Le devoir politique. Le mendésisme, la présidence radicale, le choix de la réforme, dix ans de vie parlementaire et de présidence régionale en Lorraine, avec l'œuvre accomplie sur l'axe Nord-Sud, et la mise en chantier de l'Institut national polytechnique, avec ses cinq grandes écoles, sur le Plateau de Brabois, au cœur de la région lorraine et de son avenir. La lutte contre l'Etat-Udr, le refus du Programme Commun... Comme tout cela déjà appartient, aussi, à la préhistoire.
– Enfin, l'élan vital. Au lendemain du retour d'Algérie, j'eus, en me mariant, la passion d'avoir des enfants.
Comblé, j'eus quatre fils qui, 20 ans après, occupent toute la place. L'avenir, mon avenir, ne dépend plus de personne d'autre, d'aucune carrière, d'aucune promotion. Il est atteint, acquis, achevé, par eux.

Reste l'effort, et l'invention, dans l'habitude et le goût de l'ascèse. Ayant créé, aussitôt après la période, parlementaire et régionale, des années 70, le « Groupe de Paris » – qui réunit des politiques, économistes et scientifiques d'Europe, d'Arabie et du Japon – j'ai eu la chance de déchiffrer avec eux, avant qu'il soit trop tard, l'un des secrets féconds du monde qui vient : l'application de la puissance, illimitée, de la science-informatique, non plus aux gros systèmes, mais au développement des facultés, et des talents, de chacun pour gagner la course de vitesse avec les robots.
D'où, fin 1980, la publication du « Défi Mondial » puis, dès juin suivant, la mission confiée par le Président de la République, afin de créer, à Paris, le premier Centre mondial « pour l'informatique et les ressources humaines ».
On aperçoit une vraie décolonisation, enfin, pour les centaines de millions de sans-emploi du Tiers monde, les dizaines

de millions de chômeurs de l'univers ex-industriel — tous les bougnoules, nous tous.
Au moment de ces créations, je reçus d'un homme emprisonné depuis dix-sept ans, et par l'intermédiaire de son avocate une lettre manuscrite, inédite à ce jour :

« Cher Ami,
C'est avec un grand plaisir que j'ai lu votre « Défi Mondial ». Un compte rendu, relevé dans un journal arabe, avait déjà attiré mon attention. Vous devinez l'immense intérêt suscité en moi par les problèmes qu'il soulève.
En particulier, votre thèse relative à l'économie possible, pour le Tiers monde, de la phase industrielle et les distorsions socio-économiques qui en résultent — grâce à l'informatique.
Le robot semblait devoir constituer l'extrême limite d'une perversion, celle de la déshumanisation achevée d'un système à la suite d'une dérive qui prit naissance voici plus de quatre siècles et demi.
Or, inséré dans un cadre irrigué par l'informatique personnelle, épousant les facultés de chacun, il restituerait, au contraire, à l'homme son intégrité et aux peuples qui sont, et seront, les plus nombreux, de nouvelles chances de préserver, voire d'enrichir, leur identité, leur culture — toutes choses fracassées par le modèle importé des pays dits développés. Ce modèle, avec ses implications politiques, économiques, sociales et culturelles, a stérilisé ce qui était vivant chez nous, lors de la colonisation, pour substituer des entités à ce que furent d'immenses espoirs, de purs élans.
Ce modèle est aujourd'hui malade partout. C'est la nature qui le récuse, qui démontre son caractère malfaisant. C'est aussi le désordre introduit dans le Tiers monde. C'est enfin les perspectives effrayantes qui se dessinent à l'horizon des vingt prochaines années et pour six milliards d'êtres humains.
Le « dialogue Nord-Sud » peut-il y remédier ? Ce dialogue ne peut être sauvé que grâce au projet scientifique et humain que vous proposez. Alors, vous aurez apporté une contribution de taille pour l'émergence d'un nouvel ordre mondial. Pour la naissance, en vérité, d'un nouveau monde.
Le talent arabe et l'argent arabe y trouveraient une utilisation plus conforme aux prescriptions de la foi. La matière grise, l'intelligence humaine, succédant au capital, deviendraient le moteur du monde.
Je n'ai cessé d'y penser durant les longues méditations de mes nuits.
Devant le mur d'égoïsme qui se dresse devant nous, dans le naufrage des idéologies et des systèmes, je pense avec vous que toutes reconstruction n'a de chance de réussir qu'opérée à la lumière d'une définition rigoureuse des divers constituants culturels. Le temps des velléités pour une seule idéologie, philosophie ou religion, est forclos.
Nous nous sauverons ensemble ou nous péricliterons ensemble.
Avec mon salut fraternel.

Signé : Ahmed Ben Bella »

LES 2885 JOURS DU DRAME ALGERIEN

	L'ALGERIE	LA FRANCE	LE MONDE
1954			
Nuit du 31 oct. au 1er novembre	Complot de la Toussaint : flambée de terrorisme à Alger, dans le Constantinois. Dans les Aurès, les Fellaghas attaquent villes, villages, casernes, postes de police. Les centres d'Arris, de Kenchela sont menacés. Premières victimes européennes : l'instituteur Guy Monnerot et quatre militaires.		**Haïphong, ultime tête de pont de l'armée française en Indochine, est évacuée. L'Urss propose une conférence sur la sécurité européenne.**
6 novembre	Dissolution du M.t.l.d. (Mouvement pour le Triomphe des Libertés Démocratiques) de Messali Hadj.		
12 novembre		*Débat à l'Assemblée nationale sur les événements d'Algérie et de Tunisie.*	
26 novembre	François Mitterrand, ministre de l'Intérieur du gouvernement Mendès-France, assiste aux opérations de ratissage du général Gilles entre Timgad, Touffana et Foum-Toub.		
29 novembre	Ferhat Abbas, secrétaire général de l'U.d.m.a. (Union Démocratique du Manifeste Algérien) est interdit de parole à l'Assemblée algérienne.		
30 novembre	Regroupement des populations loyales de l'Aurès en « zones de sécurité ». Opération « Fellagha » en Tunisie : 44 émissaires tunisiens et français se rendent au-devant des Fellaghas pour les convaincre de déposer les armes.		
10 décembre	Bilan de l'opération « Fellagha » : 2 514 soumissions, 1 908 armes rendues.		
27 décembre		*L'Assemblée nationale vote l'admission de la R.f.a. à l'O.t.a.n.*	
1955			
5 janvier		*François Mitterrand, ministre de l'Intérieur, présente un programme de réformes économiques, administratives et culturelles pour développer l'intégration de l'Algérie à la France.*	
8-9 janvier	30 rebelles attaquent un poste militaire près de Michelet (Grande Kabylie).		
19 janvier	Opération « Véronique » en Aurès : 5 000 hommes, les blindés, l'aviation ratissent le Djebel Khadou.		
25 janvier	Jacques Soustelle nommé gouverneur général de l'Algérie.		
3-5 février	Au Caire, le C.r.u.a.a. (Comité Révolutionnaire d'Unité et d'Action Algérien), qui a organisé le premier maquis des Aurès, se transforme en F.l.n. (Front de Libération Nationale).	*Débat sur l'Afrique du Nord à l'Assemblée. Réquisitoire de René Mayer contre la politique algérienne du gouvernement. François Mitterrand explique la position du cabinet opposé à toute partition. Il affirme : « l'Algérie, c'est la France ! » Le gouvernement est renversé par 319 voix contre 273.*	
23 février		*Edgard Faure reçoit l'investiture (369 voix contre 210).*	
Mars	Arrestation de Rabah Bitat, chef rebelle pour l'Algérois.		
31 mars		*Adoption par l'Assemblée nationale du projet de loi sur l'état d'urgence en Algérie (378 voix contre 219).*	
Avril	Etat d'urgence en Aurès et en Grande Kabylie.		**Bandoeng : le tiers-monde prend la parole.**
10-11 mai	Les maquis de Condé-Smendou, entre Constantine et Philippeville, attaquent les forces de l'ordre. Des routes sont coupées.		**Les Russes s'en vont : l'Autriche est libre.**
17 juin	Extension du terrorisme : sept bombes explosent à Philippeville.		**Coup d'état contre Peron.**
20 juin	Arrestation de P. Caballero, secrétaire général du P.c. algérien.		
4 août	L'état d'urgence en Algérie est prorogé de six mois.		
20 août	Un millier de rebelles en uniforme attaquent vingt-cinq centres dans le nord constantinois. Vingt ouvriers européens et musulmans massacrés à El Alia. Soixante victimes à Philippeville investie par plusieurs centaines d'insurgés.		
21 août	Attaque de Guelma. Raid contre Penthièvre,		

	L'ALGERIE	LA FRANCE	LE MONDE
	Millesimo, Gounod, Ain-Abid, Ain Sefrou.		
24 août	Violents incidents entre Européens et forces de l'ordre aux obsèques des soixante victimes de Philippeville.		
30 août	Etat d'urgence sur tout le territoire algérien. Les effectifs militaires passent de 60 000 au 1er novembre 1954 à 120 000 hommes.		
11 septembre		*Incidents en gare de Lyon à Paris lors d'un départ de réservistes rappelés en Algérie.*	**Inscription de l'affaire algérienne à l'ordre du jour de l'O.n.u. La délégation française se retire.**
12 septembre	Opération d'envergure contre le P.c. algérien.		
26 septembre	61 élus musulmans de l'Assemblée algérienne rejettent la politique d'intégration.		
27 septembre	Ajournement sine die de la session de l'Assemblée algérienne. Revirement d'Abderrahmane Farès, ancien président de l'Assemblée algérienne ; il quitte les « 61 » et réclame l'intégration avec 25 élus musulmans.		
1er-2 octobre	Terrorisme en Oranie. Nombreux attentats contre les Musulmans en contact avec l'administration.		
11, 14, 18 octobre		*Débat sur l'Algérie à l'Assemblée nationale. Vote de confiance.*	
26 novembre		*L'Assemblée générale de l'O.n.u. décide de ne pas discuter de la question algérienne. Retour de la délégation française.*	
8 décembre	Par 67 voix contre dix et quatre abstentions, l'Assemblée algérienne demande l'ajournement des élections législatives en Algérie.		

1956

Janvier	Les effectifs militaires en Algérie passent à 225 000 hommes.		
1er février		*Le gouvernement Guy Mollet est investi par l'Assemblée nationale par 420 voix contre 71.*	**Abolition de la peine de mort en Grande-Bretagne.**
2 février	Départ de Jacques Soustelle.		
6 février	Voyage à Alger de Guy Mollet. Violentes manifestations d'Européens.		
10 février	Arrivée à Alger de Robert Lacoste, nommé ministre résidant en Algérie.		**XXe Congrès du P.c.u.s., Krouchtchev fait le procès du stalinisme.**
28 février		*Appel de Guy Mollet aux Algériens pour un « cessez-le-feu ».*	
2 mars	La France reconnaît l'indépendance du Maroc.		
12 mars		*L'Assemblée vote les pouvoirs spéciaux pour l'Algérie (455 voix contre 76).*	
20 mars	Reconnaissance de l'indépendance tunisienne.		
4 avril	L'aspirant Maillot, communiste, passe aux rebelles avec un camion chargé d'armes.		
11 avril		*Rappel de 70 000 réservistes en Algérie.*	
12, 20, 21, 30 avril-1er mai	Rencontre secrète entre Mohammed Khider, chef politique du F.l.n. et deux émissaires du gouvernement français, MM. Gorse et Begarra. Echec : le F.l.n. pose comme préalable à tout cessez-le-feu la reconnaissance du fait national algérien.		
21 avril	Ferhat Abbas et Ahmed Francis, leaders de l'U.d.m.a. se rendent au Caire et se rallient au F.l.n.		
7 mai	20 fermiers européens sont assassinés.		
15-30 mai		*Des centaines de manifestants bloquent le départ des rappelés en gare de Grenoble.*	
18 mai	21 rappelés du neuvième R.i.c. tombent dans une embuscade près de Palestro : 18 morts.		
23 mai		*Démission de Pierre Mendès-France, ministre d'Etat, en désaccord avec la politique algérienne du gouvernement.*	
Juin	Succès militaire : opérations « Arquebuse » et « Basque » en Kabylie. Ralliements.		
5 juin		*Vote de confiance sur la politique en Afrique du Nord (271 voix contre 59).*	
14 juillet	Les attentats terroristes se multiplient dans les villes.		**Nasser nationalise le canal de Suez.**
Août	Amélioration de la situation militaire dans le Constantinois. Nombreux ralliements kabyles.	*Voyage du général de Gaulle aux Antilles et dans les établissements français du Pacifique (le 7).*	

	L'ALGERIE	LA FRANCE	LE MONDE
20 août	Par la création d'un Comité de coordination et d'exécution siégeant en Algérie, les chefs kabyles Abane Ramdane, Krim Belkacem, Ouamrane Amar, s'affirment comme leaders.		
25 septembre	Abderrahmane Farès, ancien président de l'Assemblée algérienne, se prononce pour le fait national algérien et préconise des négociations avec le F.l.n.		
Octobre	Poursuite de la réforme agraire en Algérie : 82 000 hectares appartenant à de grandes sociétés sont transférés à la Caisse d'accession à la propriété.		**En Pologne, Gomulka est réhabilité. La Hongrie se révolte : insurrection de Budapest. Campagne-éclair du Sinaï.**
16 octobre	Arraisonnement au large des côtes oranaises du yacht Athos chargé de matériel de guerre destiné à une action contre Tlemcen choisi comme capitale algérienne « libre ».		
17, 18 octobre		*Débat sur l'Algérie à l'Assemblée nationale.*	
20 octobre	Le sultan du Maroc reçoit à Rabat les cinq chefs de la rébellion algérienne (Ben Bella, Mohammed Khider, Ahmed Hocine, Mohammed Boudiaf, Mostefaï Lacheraf).		
22 octobre	L'avion d'Air-Atlas qui transporte les leaders vers Tunis est détourné sur Alger où les cinq chefs sont aussitôt arrêtés.		
23 octobre	Tewfik El Medani, ancien secrétaire de l'association des Oulémas, devient chef responsable du F.l.n. dont il réaffirme les objectifs : indépendance de l'Algérie, négociations entre la France et un gouvernement provisoire algérien avant tout cessez-le-feu.		
29 octobre		*Appels conjoints de Guy Mollet et de Robert Lacoste pour un « cessez-le-feu » en Algérie.*	
13 novembre	Fernand Yveton, membre du P.c.f., dépose une bombe à retardement à l'usine à gaz d'Alger. L'engin est découvert, l'auteur de l'attentat condamné à mort.		**Débarquement franco-britannique à Port-Saïd. Mort de la révolution hongroise. Réélection d'Eisenhower. Les Casques Bleus en Egypte.**
16-17 novembre	Arrestation de chefs F.l.n. de l'Oranais.		
Décembre	Le C.r.f. (Comité de la Résistance Française) et l'O.r.a.f. (Organisation de la Résistance de l'Afrique Française), qui appellent à l'insurrection des Européens contre un gouvernement accusé de compromettre l'avenir de l'Algérie française, sont dissous par Robert Lacoste.		
28 décembre	Amédée Froger, président de l'Interfédération des Maires, est assassiné à Alger par un Musulman. Plusieurs Musulmans sont tués au cours de ses obsèques.		

1957

6 janvier		*Le général Jacques Faure, adjoint au commandant de la Division d'Alger, aux arrêts de rigueur pour contacts avec « un comité extrémiste ».*	
7 janvier	Le général Massu est chargé du maintien de l'ordre à Alger.		
9 janvier		*Déclaration d'intention de Guy Mollet sur l'Algérie : co-existence des communautés, égalités des droits, autonomie de gestion, liens indissolubles avec la France.*	
28 janvier	Début de la grève de huit jours lancée par le F.l.n. pour l'ouverture du débat sur l'Algérie à l'O.n.u. Les boutiques sont rouvertes par les militaires.		
9-10 février	Recrudescence d'attentats. Plus de vingt morts, cent blessés, notamment parmi les spectateurs de deux stades d'Alger.		**Mao promet « la liberté » à la Chine des Cents Fleurs.**
14 février	Bilan du quadrillage d'Alger par Massu : soixante-treize tueurs et cinquante-cinq chefs de cellule arrêtés.		
Fin février	Un tiers des dirigeants F.l.n. sont arrêtés.		
26 mars		*Décès à Lyon d'Edouard Herriot.*	
28 mars		*En signe de protestation contre certaines méthodes de répression en Algérie, le général de Bollardière demande à être relevé de son commandement. Il est mis aux arrêts de*	**Le Marché commun naît à Rome.**

	L'ALGERIE	LA FRANCE	LE MONDE
		forteresse le 15 avril.	
8 avril		*Visite en France de la reine Elizabeth II.*	
15 avril		*Confiance à Guy Mollet sur la politique algérienne du gouvernement (221 voix contre 118).*	
17 avril	Une directive F.l.n. découverte à Port Gueydon (Kabylie) ordonne de brûler tous les villages ayant demandé la protection de la France, et d'en abattre tous les habitants de plus de vingt ans.		
21 mai		*Démission du gouvernement Guy Mollet.*	
26 mai		*Ali Chekkal, ancien vice-président de l'Assemblée algérienne, est assassiné au stade de Colombes où il venait d'assister avec René Coty à la finale de la Coupe de France. Le meurtrier déclare avoir voulu : « Tuer le dernier ami musulman des Français ».*	
29-30 mai	Le F.l.n. massacre trois cents habitants du village de Melouza (Grande Kabylie).		
30-31 mai	Trente-six ouvriers musulmans massacrés par les rebelles près de Wagram.	*René Coty lance un appel radio-diffusé aux peuples civilisés.*	
1er juin	Explosion de trois bombes placées dans des lampadaires dans le centre d'Alger : dix morts, cent blessés.		
9 juin	Bombe sous l'estrade de l'orchestre du casino de la Corniche à Alger : neuf morts, quatre-vingt blessés.		
11 juin	A Alger, des Musulmans sont molestés et tués par de jeunes Européens.		
12 juin		*Le gouvernement Bourgès-Maunoury est investi par 420 voix contre 194.*	
15 juin	Violents engagements dans le Constantinois. A Cheria, une bande rebelle qui venait de recevoir son armement à Gafsa (Tunisie) est anéantie.		**Chute de Malenkov.**
5 juillet	Echec de la grève lancée par le F.l.n. pour l'anniversaire de la prise d'Alger en 1830.		
9 juillet		*Discours sur l'Algérie de René Coty à Mulhouse : « Qu'on ne compte pas sur nous pour sacrifier, de l'autre côté de la Méditerranée, une autre Alsace-Lorraine ! ».*	
14 juillet	Les rebelles font sauter la centrale électrique de Laghouat.		
19 juillet		*Adoption du projet de loi sur la reconduction et l'extension à la métropole des pouvoirs spéciaux appliqués en Algérie (280 voix contre 183).*	
25 juillet	Bourguiba devient premier président de la République tunisienne.		
30 juillet		*L'Assemblée nationale repousse la « loi cadre » sur l'Algérie.* *Démission du gouvernement Bourgès-Maunoury.*	
5-13 août	Huit cents rebelles sont mis hors de combat. Bigeard déclare : « On peut considérer que les cellules (du F.l.n.) sont détruites à 70 % ».		
26 août	Bataille dans la casbah d'Alger. Les « paras » mettent hors de combat plusieurs chefs terroristes et découvrent vingt-quatre bombes.		
15 septembre	Deux cent quatre-vingt kilomètres de barrage électrifié sont terminés le long de la frontière tunisienne. Un barrage identique de cent quarante kilomètres est achevé à la frontière marocaine.		**Incidents à Little Rock (U.s.a.) où le gouverneur de l'Arkansas refuse l'intégration raciale.**
24 septembre	Yacef Saadi, chef F.l.n. de la zone d'Alger, est arrêté dans la casbah.		
25-29 octobre	Les chefs F.l.n. réunis à Tunis avant le débat sur l'Algérie à l'O.n.u. maintiennent le préalable de l'indépendance.		**Spoutnik I, premier satellite soviétique, fait le tour du monde en 90 minutes.**
6 novembre	Une équipe de recherche pétrolière est attaquée au nord de Timimoun. Seize morts.	*Le gouvernement Félix Gaillard est investi par 337 voix contre 173.*	**L'Urss lance « Spoutnik II ». A bord, la chienne « Laïka ».**
12 novembre		*Prorogation de la loi sur les pouvoirs spéciaux en Algérie.*	
29 novembre		*Rejet des bons offices tunisio-marocains. Pour Paris : « Rien n'est possible sans un cessez-le-feu préalable non assorti de conditions politiques ».*	
7 décembre	La bande rebelle du Sahara est détruite par les		

	L'ALGERIE	LA FRANCE	LE MONDE
	« paras ».		
10 décembre	L'O.n.u. adopte une motion modérée sur l'Algérie.		

1958

11 janvier	Trois-cents rebelles venus de Tunisie accrochent une patrouille française : quatorze militaires sont tués et cinq autres sont emmenés en Tunisie dans la région de Sakhiet.		**Werner Von Braun lance le premier satellite américain.**
19 janvier	Arraisonnement du cargo yougoslave « Slovenija » chargé de six cents armes tchécoslovaques destinées aux rebelles.		
30 janvier		*La France reçoit une aide de 655 millions de dollars de l'Union européenne des paiements et des Etats-Unis.*	
31 janvier		*Vote de la « loi cadre » sur l'Algérie à l'Assemblée par 296 voix contre 244.*	
8 février	Des mitrailleuses F.l.n. tirant depuis Sakhiet atteignent un chasseur français survolant le territoire algérien. Atterrissage forcé de l'appareil. Une escadrille française détruit le nid de mitrailleuses et le cantonnement des Fellaghas de Sakhiet. Des camions de la Croix-Rouge tunisienne sont touchés.		
13-14 février	La Tunisie saisit le Conseil de Sécurité pour « agression ».		
4 mars	A Philippeville, le premier pétrole saharien est chargé à destination de Martigues.		
14 mars		*Violente manifestation des policiers parisiens devant le palais Bourbon. Ils protestent contre le non-respect des engagements les concernant.*	
27 mars	Un « grand Alger » est créé par décret (ville plus communes suburbaines soit 3 700 000 habitants).		
15 avril		*Chute du gouvernement Félix Gaillard.*	
23 avril	Maintien sous les drapeaux de la classe 1956 I.b. La durée du service est portée à vingt-sept mois.		**Exposition internationale de Bruxelles.**
26 avril	Manifestation à Alger du Comité d'entente des anciens combattants. Trente-mille personnes jurent de défendre l'Algérie française.		
8 mai	Robert Lacoste est décoré de la Croix de la Valeur militaire. Au cours de la cérémonie, la foule crie : « Restez avec nous ! »		
9 mai	Le F.l.n. annonce en représailles l'exécution de trois militaires français.		
10 mai	Départ de Robert Lacoste pour Paris.		
13 mai	Assaut à Alger du gouvernement général (ministère de l'Algérie) dirigé par Pierre Lagaillarde, officier parachutiste de réserve. Paris délègue les pouvoirs civils aux généraux Salan et Massu. Formation d'un Comité de salut public présidé par Massu, avec Pierre Lagaillarde, et Léon Delbecque pour les gaullistes.	*Pierre Pflimlin est investi par 274 voix contre 129.*	
14 mai	Le Comité de salut public en appelle à De Gaulle.		
15 mai	Salan termine sa harangue au forum d'Alger en criant : « Vive de Gaulle ! »	*De Gaulle annonce qu'il se tient prêt à « assumer les pouvoirs de la République ».*	
16 mai	Au forum, trente mille Musulmans se joignent aux Européens pour chanter la « Marseillaise ».	*L'Assemblée vote l'état d'urgence.*	
19 mai	Cent mille Musulmans du Sahel se joignent aux manifestants de la veille. Arrivée de Soustelle à Alger.	*Conférence de presse du général De Gaulle au palais d'Orsay : il assumerait les pouvoirs de la République s'il en recevait délégation suivant procédure exceptionnelle.*	
22 mai		*Rencontre Pinay-De Gaulle à Colombey.*	
24 mai		*Au nom du général Salan, le colonel Thomazo, arrivé d'Alger, déclare assumer les pleins pouvoirs en Corse. Il forme un Comité de salut public.*	
26 mai		*Entrevue Pflimlin-De Gaulle à Saint-Cloud.*	
27 mai		*De Gaulle annonce qu'il a « entamé le processus régulier d'établissement d'un gouvernement républicain ».*	
28 mai		*Chute du gouvernement Pflimlin.*	
29 mai	Le colonel Jeanpierre, commandant le 1er	*Entrevue De Gaulle-Coty à l'Elysée.*	

	L'ALGERIE	LA FRANCE	LE MONDE
	R.e.p., est tué à Guelma.	*Message de René Coty aux parlementaires demandant l'investiture de De Gaulle comme président du Conseil.*	
31 mai		*A l'hôtel Lapérouse, De Gaulle expose son programme devant vingt-six représentants des groupes parlementaires.*	
1er juin	Premier voyage en Algérie du général de Gaulle, nouveau président du Conseil (Alger, Constantine, Bône, Oran et Mostaganem).	*De Gaulle est investi par l'Assemblée (339 voix contre 224).* *L'Assemblée et le Conseil de la République votent les pleins pouvoirs et reconduisent les pouvoirs spéciaux en Algérie.*	**Explosion de la bombe « H » américaine d'Eniwetok.**
3 juin		*L'Assemblée et le Conseil de la République votent la réforme constitutionnelle.*	
4 juin	Devant 200 000 Algérois, de Gaulle s'écrie : « Je vous ai compris ! ».		
16 juin	Massu est nommé préfet d'Alger.		
18 juin		*Sir Winston Churchill reçoit la Croix de la Libération.*	
20 juin		*De Gaulle refuse le transfert des cendres de Pétain à Douaumont.*	
28 juin	Accord franco-tunisien pour le passage du pipeline d'Edjele sur territoire tunisien.		
1-5 juillet	Deuxième voyage de De Gaulle en Algérie.		**Castro au pouvoir à la Havane.**
28-29 août	De Gaulle s'arrête en Algérie au retour de sa tournée africaine.		
4 septembre		*De Gaulle choisit la place de la République pour présenter au pays le projet de constitution.*	
15 septembre		*Attentat manqué du F.l.n. contre Jacques Soustelle.*	
19 septembre	Création au Caire d'un « gouvernement algérien libre » présidé par Ferhat Abbas.		
28 septembre	Participation massive de l'Algérie au référendum constitutionnel : 96,5 % de oui.	*Référendum sur la Constitution. Oui : 79,25 % ; non : 20,75 %.*	
2-5 octobre	Quatrième voyage de De Gaulle en Algérie. Plan de Constantine pour le développement économique et social.		**Avènement de Jean XXIII. Boris Pasternak, prix Nobel de la Paix.**
20 octobre	Le F.l.n. libère quatre prisonniers français.		
23 octobre		*Conférence de presse de De Gaulle. Appel au cessez-le-feu en Algérie : « Que vienne la paix des braves et je suis sûr que les haines iront en s'effaçant ».*	
25 octobre	Le « gouvernement algérien » rejette l'offre de négociations.		
11 novembre		*Dans son discours de Rethondes, le président Coty fait ses adieux aux Français.*	
23 et 30 novembre	Législatives en Algérie et au Sahara. Les listes pour l'intégration l'emportent : 67 élus en Algérie (46 Musulmans, 21 Européens) ; 4 au Sahara (deux Musulmans, deux Européens).	*Premier et deuxième tour des législatives. 387 sortants battus. 260 sièges pour l'U.n.r. et les députés d'Algérie, 40 socialistes, 10 communistes.*	
3-6 décembre	Cinquième voyage de De Gaulle en Algérie et au Sahara.		
3 décembre	Le F.l.n. libère huit prisonniers français.		
8 décembre	Les élus algériens font serment de faire triompher l'intégration.		**Les U.s.a. lancent la fusée « Atlas ».**
12 décembre		*Le général Salan est nommé inspecteur général de la Défense nationale.*	
19 décembre	Paul Delouvrier est nommé délégué général ; le général Challe, commandant en chef.		
21 décembre		*Election du général De Gaulle à la présidence de la République et de la Communauté.*	

1959

	L'ALGERIE	LA FRANCE	LE MONDE
8 janvier		*De Gaulle prend officiellement ses fonctions de Président de la République. Michel Debré, premier Ministre, forme le gouvernement.*	**Entrée en vigueur du Marché commun.**
30 janvier		*De Gaulle renouvelle l'offre de paix en Algérie. Salan est nommé gouverneur militaire de Paris.*	
4-5 mars		*Rencontre Adenauer-De Gaulle à Marly.*	**Le Tibet s'insurge contre la Chine. Fuite du Dalaï Lama.**
28 mars	Amirouche, chef de la Willaya n° 3, est tué dans un engagement. Plan Challe de pacification avec opérations de balayage d'Ouest en Est.		
6 avril		*Attaques terroristes contre deux commissariats de la région parisienne.*	
9 avril		*Nouveaux attentats terroristes.*	

	L'ALGERIE	LA FRANCE	LE MONDE
10 avril		*Arrestation de 465 nationalistes algériens.*	
16 avril	Bilan des opérations dans le cadre du plan Challe : deux mille rebelles hors de combat.		
29 avril	Pierre Laffont, directeur de « l'Echo d'Oran » fait état d'une déclaration que lui a faite de Gaulle condamnant « l'Algérie de papa ».		
1er mai	A Beyrouth, Ferhat Abbas affirme : « Nous sommes prêts à rencontrer le général de Gaulle sur terrain neutre, sans préalable » (...)		
7 mai		*Accord franco-américain pour la fourniture à la France de 440 kg d'uranium enrichi pour un sous-marin atomique.*	
22 juin	Le conseil du Plan (de Constantine) décide la construction de mille villages pour les populations regroupées. Des zones industrielles décentralisées seront créées.		
23-27 juin		*De Gaulle en Italie.*	
24 juin	Des éléments rebelles s'infiltrent aux abords de Bône.		
2-11 juillet		*De Gaulle en Somalie, à Madagascar et en Océan Indien.*	
31 juillet	Répondant à une question du député d'Alger Vinciguerra, le premier Ministre, Michel Debré, précise que : « Les départements d'Algérie et du Sahara font partie de la République au même titre que les départements métropolitains ». A Alger, le général Salan prend position contre la politique algérienne de De Gaulle.		
16 août	Ferhat Abbas affirme : « La seule solution possible est une Algérie indépendante ».		
26-27 août	Echec d'une nouvelle « offensive générale » du F.l.n.		
27-30 août	Sixième voyage de De Gaulle en Algérie (inspection militaire).	*Cherif Ben Habyles, sénateur de Constantine, est assassiné à Vichy.*	
14 septembre	A Alger, prise de position de Salan contre la politique algérienne de De Gaulle : « Nul n'a le droit de décider l'abandon d'une portion de territoire où s'exerce la souveraineté de la France ».		
16 septembre		*De Gaulle proclame le droit pour les Algériens à l'autodétermination par référendum et offre trois options : francisation, association, sécession.*	**Khrouchtchev aux Etats-Unis.**
19 septembre		*Constitution du Rassemblement pour l'Algérie française.*	
30 septembre		*Arrestation à Paris du chef F.l.n. de la « Willaya Paris Périphérie ».*	
3 novembre		*Déclaration de De Gaulle à l'Ecole de Guerre sur la « force de frappe » atomique française.*	
10 novembre		*Conférence de presse de De Gaulle. Il renouvelle ses propositions du 16 septembre sur l'Algérie.*	**Ben Gourion triomphe aux élections en Israël.**
28 novembre		*Paris : plan occidental pour l'Allemagne.*	
29 novembre		*Nombreuses manifestations en faveur de l'école libre.*	
2 décembre		*Rupture du barrage de Malpasset : 400 victimes à Fréjus.*	
5 décembre	Mise en service du pipe-line de Hassi-Messaoud à Bougie. Dans le cadre du plan de Constantine, deux cents entreprises industrielles nouvelles (électricité, mécanique) se sont installées en Algérie.		
6 décembre		*Manifestation en faveur de l'école laïque.*	
6-13 décembre		*De Gaulle en Mauritanie et au Sénégal.*	
24-30 décembre		*Le Parlement vote le projet de loi scolaire sur les rapports entre l'Etat et l'enseignement privé.*	

1960

	L'ALGERIE	LA FRANCE	LE MONDE
1er janvier		*Naissance du nouveau franc.*	
7 janvier	Le nombre des attentats commis en Algérie depuis octobre 1959 est de 3 240.		**Indépendance du Cameroun.**
8 janvier	Trois grenades explosent simultanément à Alger : trois morts.	*Antoine Pinay hostile au projet de co-gestion dans les entreprises.*	
10 janvier	Le « M.P. 13 » de Robert Martel, et le Front National Français de Joseph Ortiz, invitent la population à se former en « milices patriotiques ».		

	L'ALGERIE	LA FRANCE	LE MONDE
13 janvier		*En désaccord avec la politique économique du gouvernement, Antoine Pinay démissionne.*	
18 janvier	Dans une interview au quotidien munichois « Suddeutsche Zeitung », Massu paraît mettre en doute l'obéissance de l'armée et condamner la politique d'autodétermination.		
18-19 janvier	Démenti formel du général Challe et de la délégation générale. Convocation de Massu à Paris.		
22 janvier	Massu est relevé de son commandement.		
24 janvier	Alertée par tract, la foule algéroise s'assemble sur le plateau des Glières. On construit des barricades. Un camp retranché se forme dans le périmètre des facultés sous le commandement de Pierre Lagaillarde et de Joseph Ortiz. 18 heures : Tirs d'armes automatiques sur les gendarmes chargés de disperser la foule. Ils ripostent. Soirée tragique : chez les Algérois, huit morts ; pour les forces de l'ordre, quatorze morts. 19 h 53 : Le général Challe décrète l'état de siège. 22 h 40 : Appel radio-diffusé du délégué général Paul Delouvrier.		
25 janvier	2 h 30 : Appel du général de Gaulle. Des renforts arrivent à Alger. Visite-éclair du premier Ministre, Michel Debré.		**Table ronde sur le Congo à Bruxelles.**
26 janvier	Afflux de manifestants au plateau des Glières. Les parachutistes isolent le camp retranché.		
28 janvier	Abstention des Musulmans. Paul Delouvrier annonce à la radio qu'il quitte Alger pour le bled avec le général Challe pour « retrouver sa liberté de commandement ».		
25-29 janvier		*Face à l'insurrection d'Alger, le cabinet Debré est divisé.* *Les groupements politiques et syndicaux apportent leur soutien à De Gaulle.*	
29 janvier		*Dramatique appel radio-télévisé de De Gaulle : « D'une manière ou d'une autre, force restera à la loi ».*	
1er février	Réddition du « camp retranché » des facultés. Pierre Lagaillarde est transféré à Paris pour être incarcéré à la Santé. Joseph Ortiz est en fuite.		
2 février		*A l'Assemblée nationale, vote des pouvoirs spéciaux pour un an au gouvernement pour le maintien de l'ordre (411 voix contre 75).*	
3 février	Nombreuses mutations de militaires. Instruction ouverte pour atteinte à la sûreté extérieure de l'Etat. Dissolution des mouvements activistes.		
13 février	Explosion de la première bombe « A » française à Reggane (Sahara).		**Khrouchtchev en Asie du Sud-Est.**
17 février	Appel de Ferhat Abbas à la population européenne : « (...) L'Algérie est le patrimoine de tous (...) ».		
3-5 mars	Septième voyage de De Gaulle en Algérie, tournée des popotes : Hadjer, Mafrouch, Catinat, Redjar, l'Aurès. A Batna, il prend parti pour la francisation. Dans l'Algérois, il parle d'une « Algérie algérienne liée à la France ».		
14 mars	Déclaration du G.p.r.a. (Gouvernement Provisoire de la République Algérienne) : « De Gaulle a fermé la porte à la négociation ».	*Visite de Nikita Khrouchtchev en France.*	
1er avril	Deuxième explosion atomique à Reggane.		
1-2 avril		*Entretien De Gaulle-Khrouchtchev à Rambouillet. Accord scientifique franco-soviétique.*	
3 avril		*Naissance du P.s.u.*	
4-6 avril	Réunion du G.P.R.A. (Gouvernement Provisoire de la République Algérienne) à Tripoli. Objectif : internationaliser le conflit. Il décide d'accepter des volontaires étrangers, communistes compris.		
5-29 avril		*De Gaulle à Londres, au Canada, aux U.s.a.*	
11-14 avril	Voyage de Michel Debré en Algérie. Au cours d'une allocution, le mot « sécession » est prononcé pour la première fois : « la sécession en vérité, c'est le partage. »		

	L'ALGERIE	LA FRANCE	LE MONDE
23 avril	Challe quitte l'Algérie.		
30 avril		*Les non-violents manifestent à Vincennes.*	
1er-3 mai		*De Gaulle en Martinique et en Guadeloupe.*	**Un avion espion américain U.2 est abattu en U.r.s.s. Le pilote Gary Powers tombe aux mains des Russes.**
11 mai		*De Gaulle assiste au lancement du paquebot « France ».*	
12 mai	Consignes d'abstention du G.p.r.a. aux Musulmans pour les cantonales.		
27-29 mai	Cantonales en Algérie. Participation de 58 % : les consignes du F.l.n. n'ont pas été suivies. Les listes U.n.r. de soutien à de Gaulle l'emportent.		
1er juin		*L'Assemblée nationale se prononce contre la levée de la détention de Pierre Lagaillarde.*	
14 juin		*Nouvel appel de De Gaulle au F.l.n. : « Je me tourne vers les dirigeants de l'insurrection. Je leur déclare que nous les attendons ici pour trouver une fin honorable aux combats ».*	
18 juin		*Au mont Valérien, De Gaulle inaugure le mémorial de la France combattante.*	
20 juin		*Réponse positive du F.l.n. à De Gaulle.*	
25 juin		*Arrivée à Orly des émissaires du G.p.r.a. MM. Boumendjel et Ben Yahia, « chargés d'assurer la venue de la délégation algérienne ». Ils sont conduits à la préfecture de Melun.*	**Tragique indépendance du Congo.**
26-29 juin		*Entretiens de Melun.*	
5 juillet		*Un communiqué du G.p.r.a. consacre l'échec des entretiens.*	**Envoi des « Casques Bleus » au Congo.**
6-10 juillet		*De Gaulle en Normandie. A Rouen, il fait allusion à un état fédéral algérien : « Ce sera une Algérie algérienne... Mais il faudra que toutes les communautés, et en particulier la communauté française, aient leur place dans ses institutions, ses gouvernants, sa justice, ses assemblées ».*	
30 juillet		*Exécution à Lyon d'Abderrhamane Laklifi, pour lequel était intervenu Nikita Khrouchtchev.*	
31 juillet	Des Fellaghas en uniforme assassinent douze baigneurs sur les plages de la Chenoua entre Alger et Cherchell.		
3 août	Nomination de trois sous-préfets musulmans.		
4 août	Deux maires musulmans enlevés en Kabylie, un troisième assassiné.		
8 août	Une fillette de huit ans assassinée à Orléansville ; six Musulmans égorgés à Perrégaux.		
14 août	Exécution par le F.l.n. de deux soldats français prisonniers, Le Gall et Castera.		
18 août	Neuf Musulmans assassinés près de Molière (Ouarsenis) ; un agriculteur assassiné près de Mascara (Oranie) ; le maire musulman d'Oued El Hout poignardé.		
5 septembre		*Procès Jeanson : vingt-cinq inculpés (six musulmans, dix-neuf métropolitains) répondent de la mise sur pied d'un réseau clandestin d'aide à l'action F.l.n.*	**Coup d'Etat de Mobutu au Congo.**
6 septembre		*Publication du « manifeste des 121 » sur le droit à l'insoumission dans la guerre d'Algérie.*	
1er octobre	Le premier tanker de brut d'Edjelé quitte la Skhirra à destination de la France. Prévisions pour 1961 : 16,8 millions de pétrole saharien.	*Manifestation des partisans de l'Algérie française aux Champs-Elysées. Les vitres de « L'Express » sont brisées.*	
Novembre	Salan se rend en Espagne.		**Kennedy, 35e président des Etats-Unis.**
3 novembre	Grève des étudiants d'Alger pour l'ouverture à Paris du « procès des barricades ».	*Ouverture du « procès des barricades ».*	
4 novembre		*Allocution de De Gaulle. Il entend promouvoir l'idée d'une « Algérie algérienne » unie à la France par l'économie et la technique, les écoles, la défense, et qui pourrait se constituer en République.*	
6 novembre	Le F.a.f. (Front de l'Algérie Française) déclare « qu'il s'opposera à la création d'une République algérienne ».		
9-10 novembre		*Le Sénat repousse le projet de « force de frappe ».*	
11 novembre	Violents incidents à Alger. Heurts entre gendarmes mobiles et jeunes manifestants.	*Le maréchal Juin n'assiste pas au défilé.*	
16 novembre	Annonce d'un prochain référendum sur un projet de loi relatif à l'organisation des pouvoirs	*Mise en liberté provisoire de Pierre Lagaillarde.*	

	L'ALGERIE	LA FRANCE	LE MONDE
	publics en Algérie.		
22 novembre	Louis Joxe est nommé ministre des Affaires Algériennes.		
24 novembre	Arrivée à Alger du préfet Jean Morin nommé délégué général du gouvernement en Algérie.	*Création d'un Comité national pour l'intégrité du territoire groupant le F.n.a.f., le F.a.f., le Comité de Vincennes.*	
4 décembre		*Fuite de Pierre Lagaillarde en Espagne.*	**L'O.n.u. reconnaît le droit à l'autodétermination de l'Algérie.**
7 décembre		*Levée de l'immunité parlementaire de Pierre Lagaillarde.*	
8 décembre	Un tract F.a.f. appelle les Européens à la grève générale pour le 9.	*Débat sur l'Algérie à l'Assemblée nationale.*	
9 décembre	Huitième voyage de De Gaulle en Algérie. Tandis que le général atterrit à Ain Temouchent, à Alger, la grève est suivie à 80 %.	*Publication au Journal Officiel du texte soumis au référendum : « Approuvez-vous le projet de loi soumis au peuple français par le président de la République et concernant l'autodétermination des populations algériennes et l'organisation des pouvoirs publics avant l'autodétermination ? »*	
10 décembre	De Gaulle visite Cherchell, Blida, Orléansville. A Alger, la grève continue, les gendarmes mobiles dégagent le palais d'Eté.	*200 militants d'extrême-droite arrêtés à Paris et en province.*	
11 décembre	De Gaulle poursuit sa tournée : Tizi-Ouzou, Bougie, Telergma. Journée sanglante à Alger : les Européens tirent sur les Musulmans qui dévalent des hauteurs de la ville, drapeaux verts du F.l.n. en tête. L'armée ouvre le feu, place du Gouvernement, contre les émeutiers musulmans.		
12 décembre	A Alger, nouvelles manifestations de Musulmans. Accrochés par des manifestants, les C.r.s., qui investissent la casbah où un P.c. insurrectionnel a été installé, ripostent à la mitraillette. L'armée ouvre le feu à Maison Carrée. Bilan des 11 et 12 décembre : 120 morts dont 112 Musulmans.		**Le roi Baudouin épouse Fabiola de Mora y Aragon.**
16 décembre	Appel au « peuple algérien » de Ferhat Abbas. Retour au calme à Alger.		
23-24 décembre	Reprise de l'agitation à Oran. Nombreux incidents dans les quartiers musulmans.	*Dissolution du Front national pour l'Algérie française.*	
26 décembre	L'entrée en Algérie est refusée à Jacques Soustelle.		
27 décembre	A Oran, deux Européens sont lapidés à mort. L'armée impose le couvre-feu. Mesures en faveur de la promotion musulmane. Troisième explosion atomique à Reggane.		

1961

1er janvier	Au micro de Radio-Tunis, Ferhat Abbas appelle au boycottage du référendum.		**Chute et assassinat de Patrice Lumumba.**
4 janvier		*Quinze bâtiments de la flotte appareillent de Toulon vers les côtes algériennes.*	
8 janvier	Attaque d'un bureau de vote par le F.l.n. à Bordj-Queltet : dix morts.		
14 janvier	Résultats définitifs du référendum. Inscrits : 4 470 215. Abstentions : 1 843 526. Votants : 2 626 689. Oui : 1 749 969. Non : 767 546.	*Référendum sur l'autodétermination de l'Algérie (oui : 75,25 % en métropole ; 69,09 % en Algérie).*	
16 janvier	A Tunis, le G.p.r.a. se déclare prêt à engager des négociations.		
25 janvier	Assassinat de Me Popie, l'un des principaux leaders libéraux en Algérie.	*Le général Challe demande sa mise à la retraite par anticipation.*	
31 janvier	Explosion d'un obus piégé près de Djelta : treize Musulmans tués.		
10-11 février		*Première conférence au sommet des « Six » du Marché commun à Paris.*	
12 février	Arrestation de Claude Peintu, assassin de Me Popie.	*Arrestation à Drancy du chef de la « Willaya 10 » pour la France.*	
20-22 février		*Pourparlers en Suisse entre Pompidou, de Leusse, Boumendjel, Dalhab et Boulharouf sur les conditions d'une négociation avec le G.p.r.a.*	**Mort de Mohamed V.**
1er mars	Conférence Hassan II, Bourguiba, Ferhat Abbas à Rabat.		
2 mars		*Verdict au procès « des barricades » : treize acquittements, six condamnations par contumace, dont Joseph Ortiz à la peine de mort et Pierre Lagaillarde à dix ans de détention.*	
17-18 mars	Le G.p.r.a. annonce la reprise des pourparlers.	*Attentats au plastic à Paris.*	

	L'ALGERIE	LA FRANCE	LE MONDE
19 mars	Le M.n.a. demande à prendre part aux négociations.	*Evian est choisi pour la rencontre franco-algérienne.*	
27 mars	Le G.P.R.A. se déclare seul interlocuteur valable.		
30 mars	Paris et Tunis confirment simultanément l'ouverture de pourparlers à Evian. A Oran, Louis Joxe, qui doit présider la délégation française, déclare qu'il rencontrera le M.n.a. comme le F.l.n.	*Communiqués du gouvernement français et du G.p.r.a. annonçant l'ouverture de négociations à Evian le 7 avril.*	
31 mars	Le G.p.r.a. renonce à se rendre à Evian en raison de la prise de position française à l'égard du M.n.a.	*Assassinat de Camille Blanc, maire d'Evian.*	
3-4 avril		*Attentats à Paris contre des postes de police parisiens.*	**Le Soviétique Youri Gagarine premier homme de l'espace. Affaire de la Baie des Cochons : la C.i.a. rate l'invasion de Cuba.**
7 avril	Tracts activistes à Alger. Apparition du sigle O.a.s. (Organisation Armée Secrète).		
9-10-11 avril	Attentats activistes à Alger, Bône et en Oranie, tous revendiqués par l'O.a.s.	*Attentats au plastic en métropole. Dans sa conférence de presse, de Gaulle annonce que l'Algérie sera un état souverain.*	
Nuit du 21 au 22 avril	Putsch militaire à Alger : le délégué général, Morin, le ministre Buron et le préfet de police Jannin sont arrêtés.		
22 avril	« France V » rebaptisé « Radio-France » annonce l'arrivée des généraux Challe, Zeller, Jouhaud, qui prennent la tête de l'insurrection. Proclamation de l'état de siège. A midi, le général Challe contrôle Alger et la Mitidja. Le général de Pouilly, commandant à Oran, rejette l'ultimatum des insurgés. Louis Joxe et le général Olié arrivent en Algérie. Ils atterrissent à Tlemcen. Le général Gardy, insurgé, prend le commandement à Oran.	*Face au coup de force militaire, Louis Joxe et le général Olié s'envolent pour Alger. Le Conseil des ministres proclame l'état d'urgence.*	**Combats en Angola entre troupes portugaises et maquisards.**
23 avril	Le général Olié et Louis Joxe regagnent Paris. Arrivée du général Salan venant de Madrid. A Constantine, le général Gouraud se rallie à l'insurrection. Le général Lennuyeux, commandant la division de Constantine, refuse tout ralliement. Le général de Pouilly est arrêté à l'issue d'une entrevue avec Challe. Ralliement du général Petit, adjoint au commandant du Sahara.	*Allocution radio-télévisée de De Gaulle qui assume tous les pouvoirs en vertu de l'article 16 : « Ce pouvoir a une apparence : un quarteron de généraux en retraite... Au nom de la France, j'ordonne que tous les moyens (...) soient employés pour barrer la route à ces hommes-là. » A 23 h 45, appel dramatique de Michel Debré à la population : « Des avions sont prêts à lancer ou à déposer des parachutistes (...) Dès que les sirènes retentiront, allez-y à pied ou en voiture convaincre ces soldats trompés de leur lourde erreur ».*	
24 avril	Effritement. Le contingent ne suit pas. L'insurrection piétine. De Gaulle a gagné la « bataille des transistors ». Au forum, la foule réclame les quatre hommes qui lui rendent l'espoir.	*Grève générale d'une heure suivie par onze millions de travailleurs. Les officiers mutinés sont chassés de l'armée.*	
25 avril	Quatrième explosion atomique à Reggane. Résistance active de l'aviation. Des transports Nord 2 501 rejoignent la métropole. Echec d'un coup de main sur Mers el Kebir. Le général Pébrotat reprend le contrôle d'Oran au nom de la légalité. A Constantine, le général Gouraud annonce qu'il rentre dans la légalité. A Alger, où les putschistes ne disposent plus que du 1er R.e.p. et du 27e dragons, la gendarmerie réoccupe les carrefours. Le général Challe envisage sa reddition. 21 h 10 : Ultime proclamation des chefs de la sédition. Elle annonce la libération des appelés ayant dix-huit mois de service et la mobilisation de huit classes en Algérie. 22 h 30 : Des blindés prennent position au-dessus de la délégation générale. 22 h 50 : Des militants O.a.s. tirent sur les gendarmes devant l'hôtel Aletti. 23 h 10 : Sur « Radio-France », appel pathétique d'une voix inconnue : « Population d'Alger, tous au forum ! Il ne faut pas que la trahison l'emporte ! Tous au forum, tous au forum ! » Manifestation au forum d'Alger.		
26 avril	0 h 20 : « Radio-Alger » annonce : « L'ordre et la légalité sont en passe d'être restaurés ». 0 h 45 : Brève apparition des généraux Challe, Salan, Jouhaud, Zeller au balcon du gouvernement général. 1 h 00 : Le général Zeller, en civil, se perd dans	*Rétablissement des relations avec l'Algérie.*	**Arrestation, à Coquilhatville, du président katangais Tschombé.**

	L'ALGERIE	LA FRANCE	LE MONDE
	la foule. 1 h 30 : Les généraux Challe, Salan, Jouhaud, montent dans le G.m.c. qui va les conduire au camp de Zeralda, base du 1er R.e.p. Reddition du général Challe qui se met à la disposition de la justice. Retour de Louis Joxe et du général Olié. Le général Challe, transféré à Paris, est incarcéré à la Santé. Mandat d'arrêt contre Edmond Jouhaud, André Zeller, Raoul Salan, Antoine Argoud, Yves Godard, Joseph Broizat, Charles Lacheroy, Jean Gardes, tous en fuite. Arrestation du commandant de Saint-Marc.		
27 avril	450 arrestations dans l'Algérois.	*Epuration dans l'armée.*	
28 avril	Le 1er R.e.p. est dissous.	*Un Haut Tribunal militaire chargé de juger les insurgés est créé.*	
1-2-3 mai	Deux cent vingt-cinq officiers sont relevés de leur commandement.		
6 mai	Le général Zeller, caché à Alger, se rend au préfet de police.		**Kennedy à Paris. Premier vol spatial habité, côté américain.**
8 mai		*Allocution de De Gaulle. Pour l'Algérie, il propose association par autodétermination, protection à ceux qui voudront rester français.*	
20 mai	Le gouvernement français proclame une trève unilatérale d'un mois. Les opérations offensives sont interrompues à partir de dix-huit heures dans toute l'Algérie, sauf pour une zone de trente kilomètres de profondeur aux frontières. Six mille internés et prisonniers sont libérés.	*Ouverture des pourparlers d'Evian. Divergences à propos du Sahara. Ben Bella et ses co-détenus en résidence à Turquant (Maine-et-Loire).*	
24 mai	Sept militaires sont assassinés dans un poste du Constantinois.		
31 mai	Assassinat de Roger Gavoury, commissaire central d'Alger.	*Verdict au procès Zeller-Challe : quinze ans de détention pour chacun des généraux. Visite à Paris du président Kennedy.*	**Assassinat du président dominicain Rafael Trujillo.**
5-6 juin		*Le commandant Denoix de Saint-Marc condamné à dix ans de réclusion criminelle.*	
7 juin	Le général Ailleret succède au général Gambiez au commandement des forces armées d'Algérie.		
13 juin		*Ajournement de la conférence d'Evian.*	
19 juin	A Taher et Djidjelli (nord constantinois), plusieurs centaines de Musulmans attaquent les forces de l'ordre qui ouvrent le feu pour se dégager : onze morts.		
20 juin	Un militaire et six Harkis enlevés près de Jemmapes. Six soldats tués à Duvivier. Au douar de Strasbourg, une manifestation de Musulmans tourne à l'attaque du poste militaire : quinze soldats blessés.		
Juillet		*Le Haut Tribunal militaire condamne à mort par contumace Salan, Jouhaud, Gardy et les ex-colonels Argould, Broizat, Gardes, Godard et Lacheveroy.*	
1er juillet	Grève des Musulmans à Alger et Oran.		
5 juillet	Les Musulmans suivent les consignes du G.p.r.a. qui proclame le mercredi 5 juillet « journée nationale contre la partition ». A Alger, un important service d'ordre empêche toute manifestation. Graves incidents dans le Constantinois : quatre-vingt morts.		
12 juillet		*Conférence de presse de De Gaulle : La France accepte l'Algérie comme état indépendant ; faute d'association, elle procéderait au regroupement.*	
13 juillet	Trente attentats activistes à Alger ; sept à Bône.		
20 juillet		*Reprise des négociations avec le G.p.r.a. au château de Lugrin (Haute-Savoie).*	**Encyclique « Mater et Magistra ».**
28 juillet		*Ajournement des discussions.*	
28-29 juillet	Attentats terroristes F.l.n. à Bône. Embuscades près d'Orléansville et de Médéa : dix-huit morts.		
31 juillet-1er-9 août	Recrudescence du terrorisme à Constantine, Alger, Blida, Setif, Saïda, etc.		
11 août	Le général Ailleret recouvre une liberté d'action entravée par la trève.		**A Berlin, construction du « mur de la honte ».**
12-13 août	Attentats F.l.n. à Sétif, Bougie et Blida, Oran,		

	L'ALGERIE	LA FRANCE	LE MONDE
	Alger : six morts.		
20-22 août		*Treize attentats au plastic à Paris.*	
24 août	Attentats F.l.n. à Alger, Oran, Bône, Constantine.		
27 août	Des Fellaghas lancent trois grenades sur la plage de Bône : treize blessés. Les auteurs sont lynchés. A Tripoli, remaniement du G.p.r.a. Limogeage de Ferhat Abbas remplacé par Ben Khedda.		
28 août	Après l'assassinat d'un Européen, des jeunes attaquent des Musulmans dans le centre d'Oran. Onze morts, tous musulmans.		
5 septembre		*Conférence de presse de De Gaulle : l'Algérie indépendante pourra revendiquer le Sahara.*	
6 septembre		*Massu est nommé gouverneur militaire de Metz.*	**Joao Goulart Président du Brésil.**
8 septembre		*Attentat manqué de Pont-sur-Seine contre de Gaulle.*	
12 septembre	Des jeunes de Bab El Oued se livrent à une « ratonnade » lors des obsèques d'une victime du F.l.n. : sept morts musulmans.		
14 septembre	Devant le déferlement de haine et après les lynchages de Musulmans, l'O.a.s. lance un appel. « Il n'est pas admissible que de jeunes Algériens se livrent à des représailles-exemples sur nos compatriotes musulmans. »		**Dag Hammarskjöld, secrétaire général de l'O.n.u., trouve la mort dans un accident d'avion au Congo.**
15 septembre	Message radio-diffusé aux Algériens de Ben Khedda, nouveau chef du G.p.r.a. : L'objet de la lutte des Algériens n'est pas seulement l'indépendance mais aussi la révolution.		
21 septembre	Emission pirate de l'O.a.s. qui demande aux Algérois de manifester le lendemain dans leurs appartements avec des objets sonores et de hisser, le 25 septembre, sur leur toit, le drapeau noir frappé du sigle rouge de l'O.a.s.		
22 septembre	Opération « casseroles » réussie : le tintamarre est assourdissant.		
23 septembre	40 attentats activistes.		
25 septembre	Demi-échec de l'opération « Oriflamme ». Inauguration de la cité administrative de « Rocher Noir ».		
2 octobre		*Allocution radio-télévisée de De Gaulle, sur le thème de l'institution d'un état algérien souverain et indépendant par la voie de l'autodétermination.*	**Réunification du Cameroun.**
5 octobre		*Couvre-feu institué pour les Algériens à vingt heures.*	
9 octobre	A Oran, des terroristes F.l.n. écrasent un cycliste, l'achèvent au revolver et brûlent son cadavre sur la chaussée.		
15 octobre	Violents accrochages à Oran entre les deux communautés : un automobiliste musulman brûlé vif.		
17 octobre		*20 000 Algériens manifestent contre le couvre-feu*	
27 octobre	Dans une conférence de presse à Alger, Louis Joxe confirme que l'autodétermination reste la base de la politique algérienne de la France.		
29 octobre	En vue de la célébration du septième anniversaire (le 1er novembre) de la rébellion, le G.p.r.a. donne pour consigne d'éviter tout heurt avec les Européens.		
31 octobre	Deux émissions-pirates de l'O.a.s. à Alger et Oran demandent aux Européens de rester chez eux le premier novembre.		
1er novembre	Le bilan officiel de la journée est de soixante-quatorze morts. Les affrontements les plus sanglants ont lieu dans les campagnes.		
2 au 20 novembre		*Ben Bella et ses compagnons font la grève de la faim pour obtenir le régime politique. Satisfaction leur sera donnée.*	**U Thant secrétaire général intérimaire de l'O.n.u.**
22-23 novembre		*18 plasticages à Paris et en métropole.*	
25-26 novembre	Les attentats F.l.n. et O.a.s. font plus de cent victimes.		
29 novembre	A Oran, une dizaine de Musulmans sont lynchés à mort par de jeunes Européens.		

	L'ALGERIE	LA FRANCE	LE MONDE
8 décembre	Un car de voyageurs tombe dans une embuscade du F.l.n. à Rivet (Algérois) : cinq morts. Sept Musulmans sont égorgés par les rebelles à Perregaux et à Tiaret.	*Ouverture d'une information judiciaire contre les dirigeants de l'O.a.s. en fuite.*	
16 décembre	L'O.a.s. assassine le lieutenant-colonel Ranson, chef du 2e bureau du corps d'armée d'Oran.		
27-28 décembre	21 militaires sont tués au cours de deux embuscades à Kenchela (Aurès) et Zenina (sud algérois).		
31 décembre		*Message à l'armée de De Gaulle, qui annonce le retour de deux divisions d'Algérie.*	
1962			
3 janvier	Folie meurtrière du F.l.n. et de l'O.a.s. : quarante personnes tuées au couteau, au revolver, à l'explosif, par lynchage, par fusillade.		
4 janvier	Embuscade dans le massif de Kerrata : dix-huit militaires tués.		
5 janvier	Vingt-cinq morts à Oran. Ségrégation de fait entre les deux communautés.		
7 janvier		*Un commando O.a.s. s'empare d'un stock d'armes au camp de Satory.*	
9-17 janvier	Déferlement du terrorisme à Mostaganem, Alger, Oran, Bône, etc.		
18 janvier		*Valéry Giscard d'Estaing, ministre des Finances.*	
29 janvier	Attentat à El Biar contre la villa des « barbouzes » de la brigade anti-O.a.s. : dix-huit morts.		
30 janvier		*Arrestation des deux chefs O.a.s. Philippe Castille (attentat au bazooka, janvier 57) et Marcel Bouyer (réseau « Maquis-Résurrection-Patrie »).*	
5 février		*Allocution de De Gaulle qui condamne l'O.a.s. en Algérie.*	
7 février		*Attentat chez André Malraux à Boulogne-Billancourt. Victime : la petite Delphine Renard, quatre ans, grièvement blessée à l'œil.*	
8 février		*Manifestations anti-O.a.s. à la Bastille. La police perd son sang-froid : 8 morts au métro Charonne.*	**Victoire de Fanfani en Italie.**
14 février	A Alger, une « ratonnade » à la suite d'un attentat F.l.n. à la Bouzareah, fait vingt morts chez les Musulmans.		
15 février	La délégation générale précise que du 1er au 15, le terrorisme a fait 256 morts.		
23 février	Une instruction de l'O.a.s. ordonne d'ouvrir systématiquement le feu sur les unités de gendarmerie mobile et les C.r.s.		
25 février	Me Garrigues, avocat libéral, successeur de Me Popie, est assassiné à Alger.		
28 février	A Oran, deux obus de 105 déposés dans une auto et dans une camionnette explosent en plein centre du quartier musulman : vingt-cinq tués.		
6 mars		*Opération anti-O.a.s. en métropole : 180 interpellations.*	
7 mars		*A Evian, reprise des pourparlers avec le G.p.r.a.*	
16 mars	Attentat au bazooka de l'O.a.s. contre la délégation générale à Alger.		**Conférence du désarmement à Genève.**
17 mars	Quarante-huit attentats, trente-trois morts.		
18 mars		*Signature des accords d'Evian.*	
19 mars	Cessez-le-feu dans toute l'Algérie ordonné par le général Ailleret. La France sera représentée par un haut-commissaire. Un exécutif provisoire doit assurer la gestion des affaires publiques. La grève générale est totale : Alger, Oran sont des villes mortes. Christian Fouchet est nommé haut-commissaire de France.		
20 mars	A Alger, attentat au mortier place du gouvernement : vingt-quatre morts.		
21 mars	A Oran, fusillade entre gendarmes mobiles et commandos de l'O.a.s. : cinq morts. Abderrhamane Fares est pressenti pour la présidence de l'exécutif provisoire algérien.		
23 mars	Insurrection de Bab El Oued : quinze morts chez les militaires, vingt chez les civils. Bouclage du quartier.		

	L'ALGERIE	LA FRANCE	LE MONDE
25 mars	Edmond Jouhaud, « second » de Salan à la tête de l'O.a.s. est arrêté à Oran.		
27 mars	A l'appel de l'O.a.s., trois mille manifestants rassemblés au plateau des Glières tentent de se porter sur Bab El Oued pour encourager les assiégés. La foule se heurte aux tirailleurs algériens du 4ᵉ R.t. lorsque des tirs partent des terrasses en direction du service d'ordre. Quinze tirailleurs ouvrent le feu sur la foule : 41 morts. Abderrahmane Farès accepte la présidence de l'exécutif provisoire.		**Déposition du Président argentin Frondizi.**
29 mars	Tentative d'implantation dans l'Ouarsenis d'un maquis O.a.s. dirigé par le colonel Gardes. Abderrahmane Farès, le vice-président Roger Roth (député U.n.r. de Philippeville) et cinq membres de l'exécutif s'installent à Rocher Noir.		**Coup d'état en Syrie.**
30 mars		*Condamnation à mort des ex-légionnaires Dovecar et Piegts, assassins du commissaire Gavoury.*	
3 avril	Neuf Musulmans en traitement dans une clinique de la Bouzareah (banlieue d'Alger) sont assassinés.		
5 avril	L'O.a.s. bombarde au mortier les quartiers musulmans d'Alger. Les communautés se replient dans leur secteur.		
7 avril	Arrestation à Alger de l'ex-lieutenant Degueldre, chef des commandos « Delta » de l'O.a.s.		
8 avril		*Référendum en métropole : approbation des accords d'Evian à 90,70 %.*	**Arrestation de Milovan Djilas à Belgrade.**
9-10 avril	Accrochages entre Musulmans armés et commandos O.a.s. : trente tués européens.		
12 avril	Combats de rue à Oran entre forces de l'ordre et commandos O.a.s.		
13 avril		*Edmond Jouhaud est condamné à mort.*	
14 avril	Grève dans les principaux centres à l'annonce de la condamnation à mort d'Edmond Jouhaud.		
15 avril	L'O.a.s. occupe le central téléphonique d'Oran pendant six heures.		
18 avril	Le général Fourquet remplace le général Ailleret au commandement supérieur des forces en Algérie.		
20 avril	A Alger, arrestation de Raoul Salan et de son adjoint, le capitaine Ferrandi. Découragement des Européens.		
21 avril	L'exode des Européens commence. Le service d'ordre de l'aéroport de Maison Blanche est débordé. Le général Gardy se présente comme le successeur de Salan à la tête de l'O.a.s.		
25 avril	Quatrième explosion atomique à Reggane.		
27 avril		*Georges Pompidou obtient la confiance à l'Assemblée nationale par 259 voix contre 128.*	
28-29 avril	Oran investi par les huit mille hommes du général Katz.		
30 avril	Les premiers éléments de la force locale s'installent à Oran.		
1ᵉʳ mai	Explosion nucléaire souterraine au Hoggar.		
2 mai	Explosion d'une voiture piégée au port d'Alger. Soixante-deux morts chez les dockers musulmans.		
5 mai		*Arrestation à Paris du chef O.a.s. André Canal dit « Le Monocle ».*	
15 mai	Soixante-seize attentats O.a.s. à Alger : cinquante-six morts dont cinquante-deux Musulmans.		**Envoi de troupes américaines en Thaïlande.**
21-22 mai	Enlèvement d'Européens par des commandos musulmans. Seize cadavres découverts.		
24 au 26 mai		*Raoul Salan est condamné à la détention à vie. Demande de révision du procès Jouhaud. Suppression du Haut Tribunal militaire.*	
26-28 mai	Tactique de la terre brûlée à Alger : l'O.a.s. détruit quarante établissements scolaires.		
30 mai		*Création d'une Cour militaire de Justice.*	
31 mai	L'union des travailleurs français d'Algérie demande l'égalité politique comme condition pour rester en Algérie. L'exode s'amplifie : cent mille Européens ont déjà quitté l'Algérie, abandonnant tous leurs biens.		**Pendaison du criminel de guerre nazi Adolph Eichmann.**

	L'ALGERIE	LA FRANCE	LE MONDE
1er juin	Réunion G.p.r.a.-O.a.s. à El Biar chez Jacques Chevallier, ancien maire d'Alger, en présence d'A. Farès, de J.-M. Tiné, de J.-J. Susini, de l'ex-colonel Gardes. Un projet d'accord prévoit l'amnistie pour tous les actes commis avant le scrutin d'autodétermination, l'intégration d'unités européennes dans la force de l'ordre.		
4 juin	Tentative de création d'un parti des Européens, le R.u.a.c., (Rassemblement pour l'Unité de l'Algérie et la Coopération).	*La Cour de cassation rejette le recours en révision d'Edmond Jouhaud.*	
7 juin	Algérie-Presse-Service, agence du F.l.n. déclare : « pas de partis racistes en Algérie ». Un incendie O.a.s. détruit la bibliothèque de l'université d'Alger, l'institut d'Etudes Politiques, la mairie, les Ptt.	*Dovecar et Piegts sont fusillés.*	
8 juin	L'exécutif provisoire publie la liste des partis officiellement candidats aux élections à la future Assemblée nationale algérienne. Parti communiste algérien, Mouvement pour la coopération, Parti socialiste unifié, Comité Blida-Mitidja pour le soutien des accords d'Evian, F.l.n.	*Paris rend publique la question qui sera posée aux électeurs, et à laquelle ils doivent répondre par oui ou non : « Voulez-vous que l'Algérie devienne un état indépendant, coopérant avec la France dans les conditions définies par la déclaration du 19 mars 1962 ? »*	
17 juin	A l'initiative d'Abderrhamane Farès, un accord est conclu après dix-sept jours de négociations entre le F.l.n. représenté par le docteur Mostefaï, délégué aux affaires générales de l'exécutif provisoire et Jean-Jacques Susini, un des chefs de l'O.a.s. Le soir, dans une émission-pirate, l'O.a.s. donne l'ordre de « suspendre les combats » et d'arrêter les destructions. Les attentats cessent à Alger. L'O.a.s. d'Oran se rallie aux accords.		
28 juin		*Condamnation à mort de Roger Degueldre, ancien chef des commandos « Delta » de l'O.a.s. arrêté à Alger en avril.*	
29 juin	Jean-Jacques Susini demande aux Européens de voter oui.		
30 juin		*Suicide du général de Larminat, président de la Cour militaire de Justice.*	
1er juillet	Référendum d'autodétermination. Inscrits : 6 549 736 ; votants : 6 170 800 ; suffrages exprimés : 5 992 115 ; oui : 5 975 581 ; non : 16 534.		**Explosion souterraine d'une bombe « H » de cent kilotonnes au Nevada. Entrée en vigueur du Marché commun agricole.**
3 juillet	Proclamation de l'indépendance de l'Algérie.	*Pertes françaises : 24 614 soldats tués*	
5 juillet	Fusillade à Oran lors du défilé de l'A.l.n. Quatre-vingt-quinze morts dont vingt Européens.		
7 juillet		*Degueldre est fusillé au fort d'Ivry.*	
12 juillet	Arrivée de Ben Bella à Oran.		
22 juillet	Ben Bella crée un bureau politique du F.l.n. à Tlemcen.		
23 juillet	Boudiaf et Krim Belkacem se retirent à Tizi Ouzou : ils veulent barrer la route à Ben Bella, accusé de vouloir instaurer la dictature en Algérie.		
2 août	Un compromis est trouvé avec Ben Bella.		**Explosion nucléaire soviétique (trente mégatonnes).**
3 août	Ben Bella fait son entrée à Alger.		
22 août		*Attentat manqué au Petit-Clamart contre de Gaulle.*	
5 septembre		*Arrestation de cinq des auteurs de l'attentat du Petit-Clamart.*	**Emeutes raciales aux Etats-Unis : le gouverneur du Mississippi refuse d'admettre le Noir Meredith à l'Université d'Oxford.**
7 septembre		*Verdict au procès des auteurs de l'attentat de Pont-sur-Seine en septembre 61 : Cabanne de Laprade, perpétuité. Manoury, vingt ans de réclusion. Bellevisi, Rouvière, Villemandy, quinze ans. Barbance, dix ans.*	
17 septembre		*Arrestation de Jean-Marie Bastien-Thiry, cerveau de l'attentat du Petit-Clamart.*	
20 septembre	Election de la première Assemblée nationale algérienne : listes uniques imposées ; 196 candidats dont 16 européens. Pour Ben Bella : « La démocratie est un luxe que l'Algérie ne peut encore s'offrir. »	*De Gaulle demande un référendum instituant l'élection du président de la République au suffrage universel.*	
25 septembre	Ferhat Abbas, président de l'Assemblée, proclame « la République Démocratique et Populaire algérienne ».		
29 septembre	Formation du premier gouvernement de la République algérienne présidé par Ben Bella.		
8 octobre	L'Algérie devient le 109e membre de l'O.n.u.		

SIGNATURES DES PHOTOS

Pages 42 et 43 : Droits Réservés - Pages 44 et 45 : Charles Courrière - Pages 46 et 47 : Michel Descamps - Pages 48 et 49 : Charles Courrière - Page 50 : Jacques Grévin - Page 51 : François Pagès - Pages 52 et 53 : André Lefebvre - Pages 54 et 55 : Daniel Camus - Pages 56 et 57 : Ferenc - Pages 58 et 59 : Daniel Camus - Pages 60 et 61 : Erich Lessing (Magnum) - Pages 62 et 63 : Daniel Camus - Pages 64 et 65 : Daniel Camus - Pages 66 et 67 : André Lefebvre, Georges Menager, Daniel Camus - Pages 72 et 73 : Droits Réservés - Pages 74 et 75 : Le Deliou - Pages 76 et 77 : Michel Descamps - Pages 78 et 79 : François Pagès - Pages 80 et 81 : Michel Descamps - Pages 82 et 83 : François Pagès - Pages 84 et 85 : Droits Réservés - Pages 86 et 87 : Droits Réservés - Pages 88 et 89 : François Pagès - Pages 90 et 91 : Droits Réservés - Pages 92 et 93 : Karl Brayer - Pages 94 et 95 : Philippe Letellier - Pages 96 et 97 : Daniel Camus - Pages 98 et 99 : Sce Photo 2e R.E.P. - Pages 100 et 101 : Claude Azoulay - Pages 102 et 103 : Daniel Camus - Pages 104 et 105 : Droits réservés - Pages 106 et 107 : Visa - Pages 112 et 113 : Daniel Camus - Pages 114 et 115 : Daniel Camus - Pages 116-117 : Flament - Pages 118 et 119 : Claude Azoulay - Pages 120 et 121 : Droits Réservés - Pages 122 et 123 : Daniel Camus - Pages 124 et 125 : Gamma - Pages 126 et 127 : Patrice Habans - Page 128 : Droits Réservés - Page 129 : Patrice Habans - Pages 130 et 131 : Roger Holeindre - Pages 136 et 137 : Droits Réservés - Pages 138 et 139 : Charles Courrière - Pages 140 et 141 : François Pagès - Pages 142 et 143 : Gaby Conesa - Pages 144 et 145 : Droits Réservés - Pages 146 et 147 : U.P. - Pages 148 et 149 : Droits Réservés - Page 150 : Karl Brayer - Page 151 : Breter - Page 152 : Georges Melet - Page 153 : Jean-Pierre Biot - Pages 154 et 155 : A.D.P. - Pages 156 et 157 : Paul Guillaume - Pages 158 et 159 : Visa - Pages 160 et 161 : Abdelhamich Kahia - Pages 162 et 163 : Bonnay - Pages 164 et 165 : Charles Courrière - Pages 166 et 167 : Gamma - Pages 172 et 173 : Droits réservés - Pages 174 et 175 : Roger Holeindre - Pages 176 et 177 : René Vital - Pages 178 et 179 : Jean-Pierre Biot - Pages 180 et 181 : Patrice Habans - Pages 182 et 183 : Rolando - Pages 184 et 185 : Droits Réservés - Pages 186 et 187 : Claude Azoulay - Pages 188 et 189 : Georges Melet - Page 190 : Diamant-Berger - Page 191 : Roger Picherie - Pages 192-193 : Charles Courrière - Page 194 : Charles Courrière - Page 195 : Visa - Pages 196 et 197 : Jean Tesseyre - Pages 198 et 199 : Droits Réservés - Pages 200 et 201 : Sipa-Dalmas - Page 202 : Droits Réservés - Page 203 : Europress - Pages 204-205 : Europress - Pages 206 207 : Europress - Pages 208-209 : Léon Herschtritt - Pages 210-211 : Droits Réservés.

Direction : Roger Thérond
Direction artistique : Guy Trillat
Ont collaboré à cet ouvrage :
Valérie-Anne Giscard d'Estaing et Pierre Joffroy
Patrick Mahé, Gilles Martin-Chauffier et Pierre Manrique
Documentation photographique : Michel Sola
Maquette : Didier Gillot, Aline Etienne
Chronologie : Hubert d'Havrincourt
Documentation historique : Hélène Bitran,
Séverine Fedelich

Achevé d'imprimer
Février 1982 sur les presses d'Aubin, Poitiers. P. 10686.
Composition : Compo Relais, Paris
Reliure : Diguet-Deny, Breteuil-sur-Iton
FILIPACCHI/EDITION° 1
63, Champs-Elysées, 75008 Paris
49.10.0091.6.
I.S.B.N. 2.86391.047.7

49.0091.6